Natalia Tolbatova
Mitautorin Avgusta Udartseva

Querflöte lernen leicht gemacht — Anfängerkurs

Theorie, Praxis und 42 Stücke.
Für Kinder ab 12 Jahren und Erwachsene.
Mit Online-Videos und Audiodateien

Alle Rechte vorbehalten bei copyright.gov
ISBN: 978-1-962612-36-4
© 2026 Natalia Tolbatova und **Avgusta Udartseva**

Das Flötenfoto auf dem Umschlag und S. 9, S. 15 — © LovePik, 30000006434
Bildgestaltung S. 1 — © Daniel Oravec / depositphotos
Foto S. 14 — © Yamaha Corporation / Wikimedia Commons
Bildgestaltung S. 39; S. 89 — © brgfx / Freepik

Für Fragen, Kommentare oder Anregungen schreiben Sie uns bitte an:
avgustaudartseva@gmail.com

INHALT

Einleitung 7

Teil 1
Über die Flöte 9

    1. Die Geschichte des Flötengebrauchs 11
    2. Die Flöte kennenlernen 13
    3. Bevor Sie beginnen 19
    4. Erzeugen Sie Ihren ersten Ton auf dem Kopfstück 24
    5. Spielhaltung 28

Teil 2
Theorie und Praxis 39

Audio- ▶ **und Videodateien** 40

Einleitung 41

    1. Das Notensystem, Noten und der Violinschlüssel 42
    2. Notenwerte 44
    3. $\frac{4}{4}$-Taktart, Takt, Taktstrich 45
        Die Note H 46
    4. Pausen 47
        Die Note A 48
    5. Achtelnote 50
        Die Note G 52
        Hot Cross Buns 53
        Down by the Station 53
        Sleep, Baby, Sleep 53
    6. $\frac{2}{4}$- und $\frac{3}{4}$-Taktarten 54
        Die Note C 55
        Barcarolle 55
        The Joke (von Natalia Tolbatova) 55

Die Note D	56
God Is So Good	56
Ode an die Freude	57
Die Note F	58
Mary Had a Little Lamb	58
Die Note E	59
Lucy Locket	59
Die Note D	60
The Trail (von Natalia Tolbatova)	60
Die Note C	60
Little Boy (von Natalia Tolbatova)	60
7. Kreuz, B und enharmonische Töne	62
8. Vorzeichen	63
Die Note Fis (F#)	64
Rain, Rain, Go Away	64
London Bridge Is Falling Down	64
9. Artikulation	65
Legato (von Natalia Tolbatova)	65
Melody	66
Golden Sun	66
Little Waltz (von Natalia Tolbatova)	67
Early One Morning	68
10. Punktierte Note	70
11. $\frac{6}{8}$-Taktart	71
Humpty Dumpty	71
12. Taktzählung	72
Aura Lee	72
13. Auftakt	73
A-Tisket, A-Tasket	73
Happy Birthday to You	74
14. Triolen	76
Wedding March	76
Jingle Bells	77
Die Note B	78
Finlandia	79
Tiger Rag	79
15. 8va in der Musik	80

16. Tempo 81
17. Dynamik 83

Grifftabelle 85

Teil 3

Lieder 89

    Scarborough Fair 91
    Red River Valley 92
    Believe Me, If All Those Endearing Young Charms 93
    Beautiful Dreamer 94
    Sweet Betsy from Pike 96
    Danny Boy 97

Lieder mit Begleitung 98

    Aloha 'Oe 98
    Down in the Valley 99
    Hello! Ma Baby 100
    In the Good Old Summer Time 102
    Let Him Go, Let Him Tarry 104
    Let My People Go 106
    The Man I Love 107
    Tea for Two 108
    Wade in the Water 110
    Ja-Da 112

Bonus
Tonleitern und diatonische Modi 113
Dur- und Molltonleitern 115

Einleitung

Die Flöte ist ein einstimmiges Instrument — sie spielt einzelne Melodienlinien. Ihr ausdrucksstarker, berührender Klang erinnert an Vogelgesang, das Murmeln eines Baches und funkelnde Schneeflocken. Die Flöte eignet sich, um verschiedenste Emotionen und Stimmungen auszudrücken: von Freude und Sehnsucht bis zu Inspiration und Nachdenklichkeit. Zwar ist die Flöte ein anspruchsvolles Instrument, doch ihr melodischer Charakter macht das Lernen angenehm. Flöte spielen zu lernen ist einfacher, als man oft denkt — der Lernprozess bereitet viel Vergnügen.

Mit ihrem Klang lassen sich unzählige Melodien neu interpretieren. Wissenschaftliche Studien zeigen zudem, dass regelmäßiges Flötenspiel Konzentration und Gesundheit verbessert: Ihre Atemmuskulatur wird gestärkt, Ihr Lungenvolumen vergrößert sich und Sie atmen bewusster.

Dieses Buch vermittelt Ihnen alles, was Sie für den Flötenstart brauchen: Sie lernen die wichtigsten Flötenarten und Instrumentteile kennen, erfahren, wie Sie das Instrument halten und der Klang entsteht. Die Inhalte helfen Ihnen nicht nur beim Flötenlernen, sondern bieten Ihnen auch einen Einstieg in die Musiktheorie.

Das Buch bietet Ihnen 42 bekannte Stücke, mit denen Sie spielerisch Flöte und Notenlesen üben können. Viele Kapitel enthalten dazu Grundlagenübungen und begleiten Sie Schritt für Schritt durch klassische und moderne Musikstücke. Lieder mit Text helfen dabei, den eigenen Klang zu entfalten; Begleitstücke ermöglichen gemeinsames Musizieren. Ihr Lerntempo bestimmen Sie selbst — nehmen Sie sich beim Üben ausreichend Zeit und gehen Sie erst weiter, wenn Sie sich sicher fühlen. Die Trainingsvideos sind kurz und praktisch — sehen Sie sie gern mehrfach an und wiederholen Sie die Übungen nach Bedarf.

Die Flöte fügt sich sowohl als Soloinstrument als auch im Orchester wunderbar ein und bewahrt dabei ihren eigenen Charakter. Ich wünsche Ihnen, dass dieses Buch Ihnen hilft, die Flöte in ihrer ganzen Vielfalt kennenzulernen und Ihr Musizieren rundum zu genießen!

Natalia Tolbatova

TEIL 1

Über die Flöte

Bei Fragen, Kommentaren oder Vorschlägen schreiben Sie uns unter:
avgustaudartseva@gmail.com

1. Die Geschichte der Flötennutzung

Entstehungsgeschichte und antike Flöten

Vor vielen Jahrtausenden entdeckten Menschen, dass verschiedene Gegenstände Laute erzeugen konnten. Hohle Knochen, Muscheln mit gebohrten Löchern, zu Rohren gewickelte Hülsen, Baumblätter, Schilfrohr — all diese Gegenstände erzeugen Laute, wenn man sie nah an den Mund hält und hineinbläst. Alle Arten von Blasinstrumenten, einschließlich Flöten, stammen von Pfeifen, Flöten und Hörnern ab. Der Legende nach erfand ein Mann die Flöte, als er den Ton eines gebrochenen Schilfrohrs im Wind hörte. Er schnitt ein Rohr aus dem Stiel aus, machte Löcher darin und begann zu spielen. Das Instrument erhielt seinen Namen vom lateinischen Wort *flatus*, das „Blasen" bedeutet. Nach der antiken griechischen Mythologie verliebte sich Pan, der Gott der Wälder und Felder und Schutzherr der Hirten, in die Nymphe Syrinx. Die Nymphe wandte sich an den Flussgott um Hilfe, und dieser verwandelte sie in ein Schilf, aus dem Pan eine „wohlklingende" Flöte machte. Im antiken Griechenland wurde die Flöte als *Syrinx* bezeichnet und war das beliebteste Instrument.

Längsflöten, Querflöten und mehrteilige Flöten entstanden in der Antike gleichzeitig in verschiedenen Ländern. Der Ton wurde durch die Reibung eines Luftstrahls gegen die scharfe Kante der Blasöffnung erzeugt. Nach den neuesten Hypothesen gilt Asien als die Wiege der Querflöte. Im alten China spielten Musiker längsgerichtete Tonflöten *(xiao)*, Varianten der Panflöte mit 12 Bambusschäften *(paixiao)*, Querflöten mit 3–6 Spiellöchern *(chi)* und kurze Querflöten *(yue)*. Im Mittelalter erfreuten sich Längs- und Querflöten großer Beliebtheit in Instrumentalensembles an königlichen Höfen. Ihr Ton war zwar angenehm und weich, aber sehr schwach, ausdruckslos, ungleichmäßig in der Lautstärke und nicht immer tonhöhenmäßig genau. Daher bemühten sich die Musiker ständig, die Konstruktion des Instruments zu verbessern.

Die Erfindung der modernen Flöte

Ende des 17. Jahrhunderts verbesserten französische Handwerker die aus dem Osten stammende Querflöte und verliehen ihr einen ausdrucksstärkeren und emotional tieferen Ton. Erst dann fanden Dirigenten es möglich, die Flöte in das Orchester aufzunehmen und ihr eigenständige Solostellen zu geben.

Zwischen 1832 und 1847 überarbeitete der große Meister Theobald Böhm die Konstruktion des Instruments und verbesserte den Mechanismus, der bis heute verwendet wird.

Wo wird die Flöte heute verwendet

Die Flöte wird in Symphonie-, Blas- und anderen Orchestern, in Kammermusik und sehr häufig als Soloinstrument eingesetzt. Manche Schulen verfügen über Blechbläserkapellen, in denen Schüler Flöte spielen lernen und häufig im Orchester auftreten oder bei Schulveranstaltungen als Solisten auftreten. Neben modernen Orchesterinstrumenten existieren Volksflöten in verschiedenen Ländern bis heute.

2. Die Flöte kennenlernen

Was ist eine „Konzertflöte"?

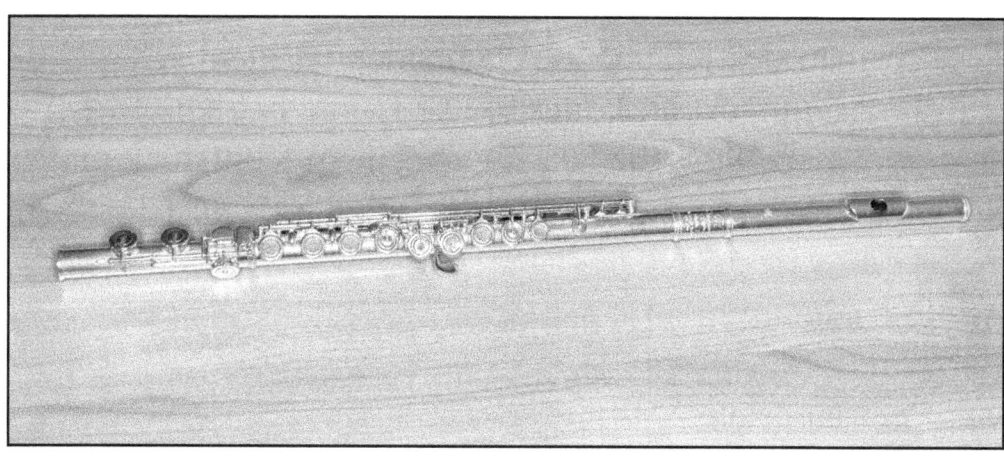

Die Konzertflöte (oft einfach als „die Flöte" bezeichnet) ist ein labiales Holzblasinstrument, bei dem die primäre Schwingungsquelle ein Luftstrahl ist, der beim Blasen in das Instrument gegen die innere Kante eines Teils des Instruments, genannt Labium (lateinisch *labium* — Lippe), trifft. Unabhängig vom Material des Flötenkörpers wird sie traditionell als Holzblasinstrument kategorisiert.

Die Flötenfamilie

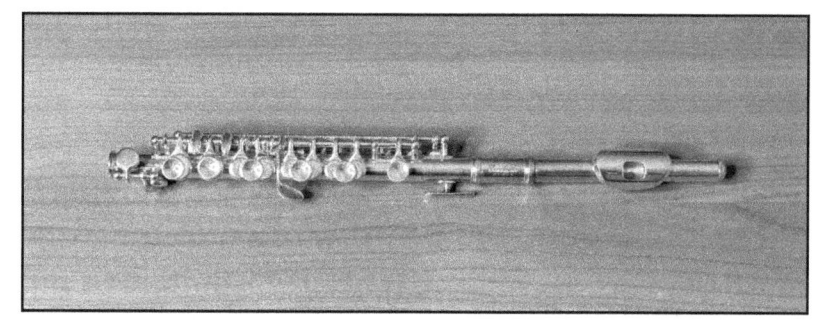

Die Piccoloflöte (Kleine Flöte) ist eine kleinere Variante der Flöte, die die Töne des oberen Registers spielt. Sie wird eine Oktave unter dem tatsächlichen Ton notiert. Zusammen mit der Konzert- und Altflöte wird sie in Symphonie-, Blas- und anderen Orchestern, in Kammermusik und manchmal als Soloinstrument verwendet. Die Piccoloflöte wird üblicherweise in der Orchestermusik verwendet, um einen hellen und durchdringenden Ton zu bieten, besonders im hohen Register. Die eigentliche Piccoloflöte wurde im 18. Jahrhundert entworfen und wanderte an der Wende vom 18. zum 19. Jahrhundert in das Symphonieorchester ein, wo sie zu einem der höchsten Registerinstrumente wurde. Militär- und Blechbläserkapellen des

19. Jahrhunderts verwendeten häufig Piccoloflöten in Des-Dur (gebräuchlich in amerikanischen Blechbläserkapellen) oder Es-Dur, aber heute sind solche Instrumente äußerst selten.

Im Vergleich zur Konzertflöte hat die Piccoloflöte einen schärferen, pfeifenden Ton. Der Aufbau des Klappenmechanismus ist identisch, aber der Querschnitt des Rohrs ist umgekehrt konisch. Die Länge beträgt etwa 12 Zoll (halb so lang wie die Konzertflöte). Sie besteht aus einem Kopfstück und einem Mittelstück. Sie wird üblicherweise aus Metall, Holz und Kunststoff hergestellt.

Die Altflöte (italienisch: *flauto contralto;* französisch: *flûte alto;* englisch: *Alto flute*) ist eine Variation der modernen Flöte. Sie wurde um 1854 von Theobald Böhm entworfen. 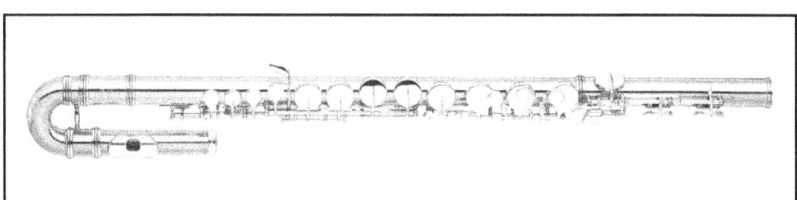 Meistens steht sie in der Tonart G. Seltener finden Sie sie in F — sie klingt eine Quarte (oder Quinte, wenn es eine F-Flöte ist) tiefer als das Geschriebene. Es ist theoretisch möglich, höhere Töne zu erzeugen, aber sie werden kaum in der Praxis verwendet. Der Ton des Instruments ist voll und breit und ist sogar noch schöner im unteren Register. Der Klang des Instruments im unteren Register ist heller und voller als bei der Konzertflöte, ist aber nur erreichbar, wenn nicht lauter als mezzoforte gespielt wird. Das Mittelregister ist flexibel in der Nuancierung, vollklingend. Das obere Register ist scharf, weniger klangvoll als die Flöte. Die höchsten Töne sind schwierig zu spielen.

Zusammen mit der Konzert- und Piccoloflöte ist die Altflöte Teil des Symphonieorchesters. Sie ist in Bezug auf ihre Teile und Spieltechnik mit der Normalflöte vergleichbar, hat aber ein längeres und breiteres Rohr und ein etwas anderes Schlüsselsystem. Der Fingersatz ist identisch. Der Atem wird schneller auf der Altflöte verbraucht.

Bedeutende Flötisten verschiedener Länder

Johann Joachim Quantz (1697–1773, Deutschland); Giuseppe Gariboldi (1807–1882, Italien); Georges Barrere (1876–1944, USA); Geoffrey Gilbert (1914–1989, Großbritannien); Shigenori Kudo (1986, Japan).

Teile der Flöte

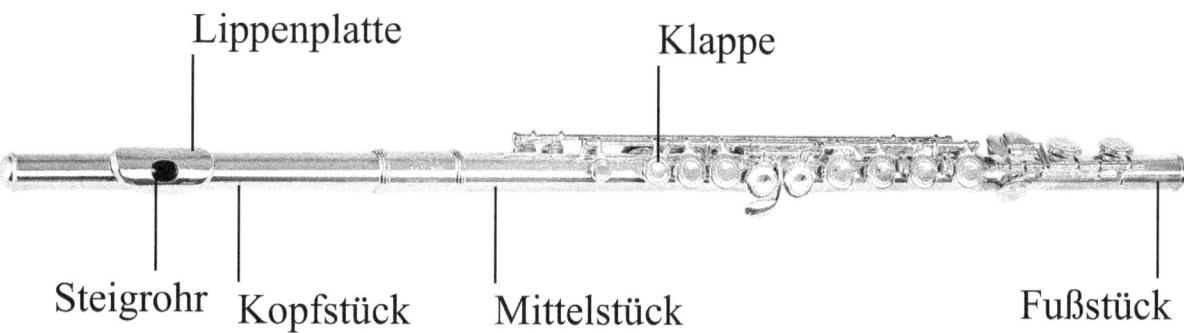

Die Querflöte ist im Allgemeinen ein zusammengesetztes zylindrisches Rohr, das aus drei Teilen besteht: dem Kopfstück, dem Mittelstück und dem Fußstück. An einem geschlossenen Ende des Instruments befindet sich eine seitliche Öffnung zum Blasen und zum Leiten des Luftstroms.

Das Kopfstück ist ein unverzichtbarer Teil der Flöte. Es bestimmt etwa 70 % der Tonkraft und der Toncharakteristiken des Instruments. Das Mittelstück des Kopfstücks wird in Form eines konischen Rohrs konstruiert. Darin befindet sich auf der linken Seite ein Kork. Seine Position beeinflusst die Stimmung des Instruments. Die Position des Korkes im Flötenkopf wird von einem Flötenreparaturspezialisten überprüft und justiert. Kopfstücke können sowohl gerade als auch gebogen sein (U-förmig und tropfenförmig wellig, für den Unterricht kleiner Kinder verwendet, da das Instrument dadurch verkürzt wird). Auf dem Kopfstück der Flöte befindet sich die Lippenplatte. Sie verfügt über ein **Anblasloch** zum Hineinblasen der Luft in das Instrument. Das Rohr, das die Lippenplatte mit dem Innenraum des Flötenkopfes verbindet, wird Steigrohr genannt. Die Wände des Steigrohrs bilden einen speziell konstruierten Winkel mit der Lippenoberfläche, der dem Luftstrahl ermöglicht, zu wirbeln und den Flötenton zu erzeugen. Da die Größe und Form des Steigrohrs Schlüsselelemente bei der Erzeugung des Gesamttons im Kopfstück sind (und daher des gesamten Instruments), stellen Hersteller diesen kritischen Teil des Instruments aus einer Vielzahl von Materialien her und können ihn mit Silber, Gold oder sogar Platin beschichten.

Das Mittelstück und das Fußstück der Flöte verfügen über ein komplexes Klappensystem, das die Löcher im Korpus öffnet und schließt, um die Tonhöhe der Töne anzupassen. Das Mittelstück der Flöte kann von zwei Arten sein: wenn die Klappen in einer Reihe angeordnet sind („inline") und wenn die Gis-

Klappe nach vorne versetzt ist (nicht „inline"). Die Klappen gibt es in zwei Ausführungen: offen, mit Resonatoren, und geschlossen, ohne Resonatoren.

Das Fußstück der Konzertflöte kann von zwei Arten sein: das C-Fußstück, bei dem der tiefste Ton das eingestrichene c (c^1) ist; und das H-Fußstück, bei dem der tiefste Ton das kleine h ist.

Der Tonumfang der Querflöte beträgt über drei Oktaven, vom c^1 bis zum c^4 und sogar darüber hinaus.

Die Noten werden im Violinschlüssel geschrieben und entsprechen der Tonhöhe des Instruments.

Die Flötenausrüstung wird höchstwahrscheinlich einen Holz-, Kunststoff- oder Metallreinigungsstab enthalten. Er hilft Ihnen, Ihre Flöte mit einem Stofftuch zu pflegen.

Ein Mini-Notenständer kann am Flötenkopfstück befestigt werden. Falls Sie draußen spielen, ist dies praktisch, da Sie sich nicht viele Noten merken müssen.

Französische und deutsche Flötensysteme und ihre Unterschiede

Visuell sind die Unterschiede zwischen französischen und deutschen Flöten kaum sichtbar. Die Klappenöffnungen sind identisch, aber es gibt Unterschiede beim Fingersatz der Noten. Bei einer französischen Systemflöte ist die H-Klappe die zweite Klappe vom Kopfstück und die B-Klappe kommt zuerst. Bei einer deutschen Systemflöte kommt die H-Klappe zuerst und die B-Klappe kommt als zweite. In der französischen Systemflöte wird Gis durch Drücken eines speziellen Hebels für den kleinen Finger der linken Hand genommen, während in der deutschen Systemflöte dieser Hebel zum Nehmen des G konzipiert ist.

Und noch etwas: Nur französische Systemflöten haben die sogenannte E-Mechanik — für einen leichteren und besser klingenden Ton E in der dreigestrichenen Oktave. Zwei benachbarte Klappen (die Gis-Klappe und die nächstgelegene auf der unteren Verbindung) in Flöten ohne E-Mechanik sind verbunden, während sie in denjenigen mit E-Mechanik getrennt sind, bei ihnen wird ein kleiner Hebel hinzugefügt. Deutsche Systemflöten benötigen keine E-Mechanik aufgrund ihrer Konstruktion.

Welche Flöte sollte ich kaufen?

Die Flöte ist ein Instrument, das viele verschiedene Modelle und Eigenschaften hat. Einer der Schlüsselaspekte bei der Wahl einer Flöte ist das Material des Mittelstücks. Dieser Parameter beeinflusst erheblich die Klangeigenschaften des Instruments und seine Haltbarkeit. Moderne Flöten sind meistens aus Neusilber gefertigt, d. h. Nickel- oder Messinglegierungen, die versilbert sind. Sie verbinden Haltbarkeit und Erschwinglichkeit und machen diese Arten von Flöten zu einer ausgezeichneten Wahl für Anfänger. Vernickelung und Versilberung verhindern Korrosion des Instruments, was die Langlebigkeit der Flöte gewährleistet, aber Nickel kann bei einigen Menschen eine allergische Reaktion auslösen. Flöten werden auch aus Silber hergestellt. Es bietet einen helleren und klareren Ton, aber solche Instrumente sind teurer. Eine Flöte aus Neusilber mit einem silbernen Kopfstück kann eine erschwingliche Option sein und ist gleichzeitig angenehm und edel.

Die Wahl des Flötenkörpermaterials hängt von den individuellen Bedürfnissen jedes Musikers ab. Anfängern wird empfohlen, eine Flöte aus Neusilber zu wählen, um teure und schwerer zu wartende Optionen zu vermeiden. Erfahrenen Musikern kann eine Silberflöte empfohlen werden, die die besten Klangergebnisse liefert.

Hinweis: Für die anfängliche Lernphase ist es besser, ein Instrument mit geschlossenen Klappen zu wählen. Die Klappen sollten nicht in einer Linie angeordnet sein und das Instrument sollte ein C-Fußstück haben, da es einfacher zu spielen ist. Für Kinder und kleinere Menschen gibt es Flötenmodelle mit einem gebogenen Kopfstück, das es ihren Händen leichter macht, die erforderliche Position zu erreichen.

Wie überprüfe ich die Qualität einer Flöte vor dem Kauf?

Der erste Schritt bei der Wahl einer Flöte ist, den Zustand des Mittelstücks und der Beschichtung zu überprüfen. Sie sollten über die gesamte Oberfläche glatt sein, ohne Dellen, Kratzer oder Korrosion. Überprüfen Sie dann das Klappensystem. Jede Klappe sollte frei beweglich sein, ohne zu klemmen, und es sollte keine anderen Behinderungen geben.

Wenn Sie bereit sind, ein neues Instrument zu kaufen, können Sie eine Studentenversion von so angesehenen Marken wie Armstrong, Gemeinhardt, Burkart&Phelan, Selmer, Yamaha, Miyazawa, Muramatsu wählen. Eine billigere Flöte mag auf den ersten Blick von guter Qualität zu sein, aber mit der Zeit können Sie ernsthafte Probleme mit dem Betrieb des Mechanismus haben, oder die Polster im Inneren der Klappen können reißen. Da Instrumente von renommierten Herstellern bereits etabliert sind, kann oft selbst der Kauf eines gebrauchten Armstrong- oder Gemeinhardt-Instruments eine gute und zuverlässige Wahl sein, die einer Flöte eines unbekannten Herstellers vorzuziehen ist. In den meisten Fällen sehen gebrauchte Instrumente gut aus und funktionieren gut. Sie werden normalerweise von Musikern verkauft, die möglicherweise das ältere Instrument einfach gegen ein neues eintauschen möchten.

Wenn Sie sich entscheiden, ein gebrauchtes Instrument zu kaufen, aber Sie haben Zweifel an seiner Qualität, können Sie es auf Mängel überprüfen, indem Sie einen Flötenreparaturexperten kontaktieren. Vielleicht können Musikschulen oder Musikgeschäfte Ihnen sagen, wo Sie einen zuverlässigen Handwerker finden. Auch können einige Flötenspezialisten Instrumente selbst verkaufen. Sie führen Wartungsarbeiten durch und stellen sie dann zum Verkauf bereit.

Beim Kauf eines Instruments sollten Sie auf den Verkäufer achten. Sprechen Sie unbedingt mit ihm — der Verkäufer sollte die Geschichte des Instruments, seine Eigenschaften und Besonderheiten kennen. Je detaillierter und offener Ihr Gespräch ist, desto zuversichtlicher können Sie sich bei Ihrer Entscheidung sein. Bei der Wahl einer Flöte ist es wichtig, nicht nur auf ihr Aussehen zu achten, sondern auch auf ihre Klangqualität, da von ihr das Vergnügen abhängt, das Sie beim Spielen des Instruments bekommen. Im Idealfall können Sie den Verkäufer bitten, ein Video für Sie zu machen, oder vielleicht die gesamte Tonleiter auf dem Instrument zu spielen, das Sie interessiert. Sie möchten sicherstellen, dass Sie es auch beim Lernen spielen können.

3. Bevor Sie beginnen

Vorbereitung Ihrer Flöte

Wenn die Flöte verkauft wird, wird sie in einem speziellen Koffer geliefert, der eine einfache Lagerung und einen einfachen Transport ermöglicht. Das Set enthält normalerweise einen Reinigungsstab und ein Tuch zum Reinigen des Instruments innen und außen. Bei Bedarf können Sie einen Notenständer separat kaufen, der Ihren Anforderungen entspricht.

Zusammenbau der einzelnen Teile

Nehmen Sie die Flöte vorsichtig aus dem Koffer, kontrollieren Sie die Verbindungsstellen und reinigen Sie sie bei Bedarf. Je sauberer sie sind, desto leichter wird es sein, die Flöte zusammenzubauen und — noch wichtiger — desto leichter wird es sein, sie nach dem Spielen auseinanderzunehmen. Es wird empfohlen, die Verbindungsstellen regelmäßig mit einem leicht angefeuchteten Tuch zu wischen. Führen Sie das Kopfstück der Flöte von der breiteren Seite in das Mittelstück (oder den Korpus) ein und befestigen Sie das Fußstück von der anderen Seite; verbinden Sie die Flötenteile sanft mit leichten Drehbewegungen und vermeiden Sie Fehlausrichtung. Das Metall, aus dem die Flöte besteht, ist eher weich und dünn, versuchen Sie daher, beim Zusammenbau und Auseinandernehmen keine zusätzliche Anstrengung zu unternehmen. Achten Sie besonders auf die sorgfältige Behandlung der Klappenmechanik.

Drehen Sie das Flötenkopfstück so, dass das Anblasloch in der Lippenplatte mit den Klappen am Mittelstück ausgerichtet ist. Dies kann leicht überprüft werden, indem man die Flöte von der Verbindungsstelle aus betrachtet. Der Hersteller setzt manchmal Kerben auf dem Mittelstück und dem Kopfstück der Flöte, um es leichter zu machen, die korrekte Position des Kopfes zu finden. Wenn Sie solche Markierungen an Ihrem Instrument nicht haben, können Sie diese selbst anbringen, zum Beispiel mit kleinen Strichen aus Nagellack.

Die Position der Verbindung sollte so sein, dass der Klappenhebel an der Verbindung mit der Mitte der nächsten Klappe am Mittelstück übereinstimmt.

1)
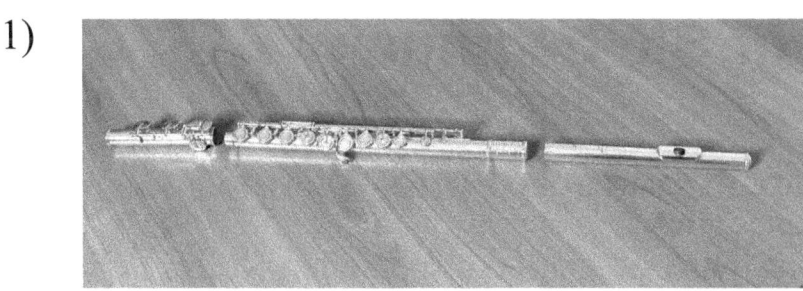

Siehe Video zum Zusammensetzen der Flöte

2)
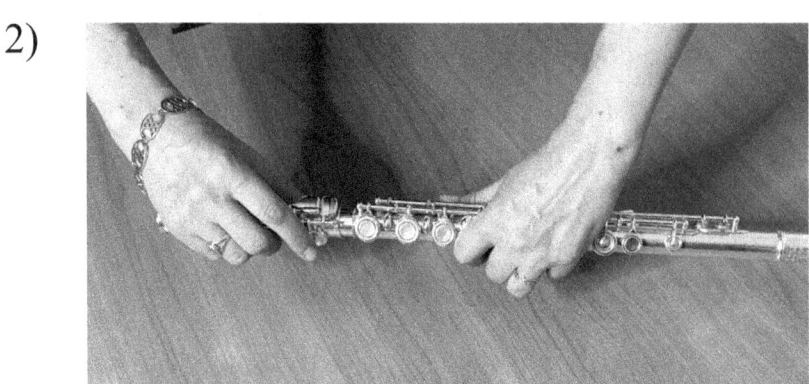

3)

4)
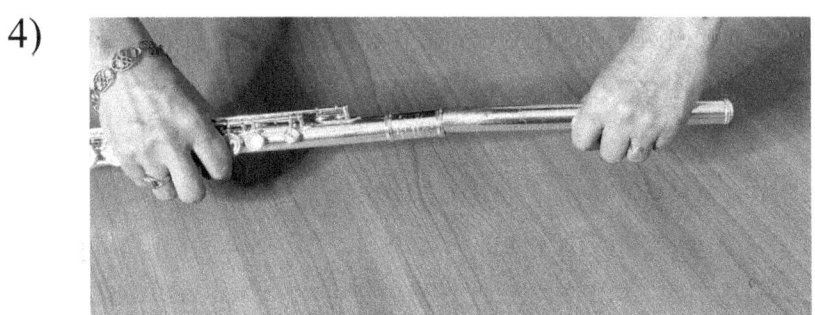

5)
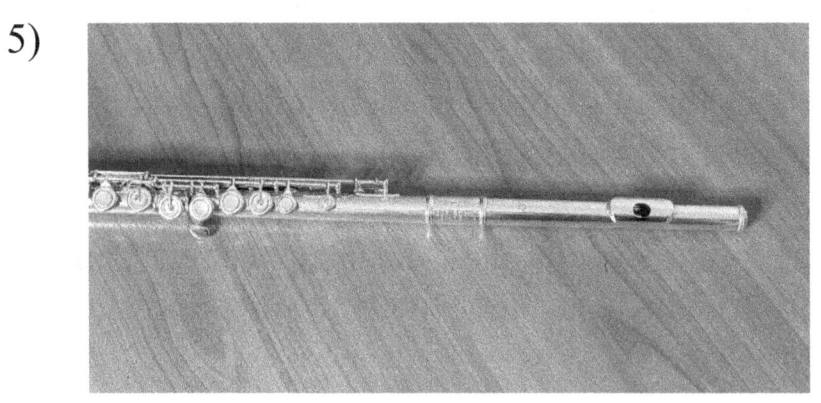

Pflege Ihres Instruments

Ordnungsgemäße Flötenpflege ist nicht nur der Weg, um Ihr Instrument in Top-Zustand zu halten, sondern auch, um sicherzustellen, dass Sie den besten Klang aus Ihrem Instrument bekommen. In diesem Abschnitt werden wir einige grundlegende Flötenpflegetipps durchgehen.

Werfen Sie Ihre Flöte nicht herum und schwingen Sie sie nicht! Behandeln Sie sie stattdessen mit Sorgfalt und schützen Sie sie vor Schlägen. Achten Sie darauf, das Instrument nicht zu verformen. Wenn Sie die Flöte auf einer unebenen Oberfläche ablegen, kann sie fallen und verformt werden. Stellen Sie das Instrument daher korrekt hin: auf einer ebenen Oberfläche mit den **Klappen** nach oben. Legen Sie die Querflöte nicht auf die Klappen. Legen Sie die Flöte nicht an einen Ort, an dem sie von Haustieren umgestoßen werden kann.

Beobachten Sie Klimabedingungen wie Temperatur, Luftfeuchtigkeit usw. Bewahren Sie das Instrument entfernt von Wärmequellen wie Heizkörpern auf. Verwenden oder lagern Sie Ihre Flöte auch nicht an Orten, an denen sie extremen Temperaturen oder Luftfeuchtigkeitseinflüssen ausgesetzt sein kann. Dies kann das Gleichgewicht der Verbindungsstücke und die Ausrichtung von Tonlöchern und Klappen beeinflussen, was zu Spielproblemen führen kann.

Verwahren Sie das Instrument vor oder nach der Verwendung immer in seinem Koffer. Dies hilft, Instrumentenschäden zu verhindern und schützt es vor Staub und Schmutz. Die Flöte sollte an einem trockenen Ort gelagert werden, um die Möglichkeit von Korrosion auf der Oberfläche des Instruments zu verhindern.

Reinigen Sie Ihre Flöte nach jedem Gebrauch. Dies ist einer der wichtigsten Aspekte der Instrumentenpflege! Sie können zum Reinigen ein spezielles Flötentuch, ein Baumwolltaschentuch oder einen dünnen Vliesstoff verwenden. Beginnen Sie damit, Speichelreste vom Kopf und vom Mittelstück zu entfernen, wischen Sie dann sanft alle Teile des Instruments ab, bis aller Schmutz und Staub entfernt ist. Metallpoliturmittel entfernen eine dünne Schicht Metallbeschichtung und machen die Beschichtung im Laufe der Zeit dünner. Bitte beachten Sie dies, wenn Sie ein Metallbeschichtungs-Poliermittel verwenden.

1)

2)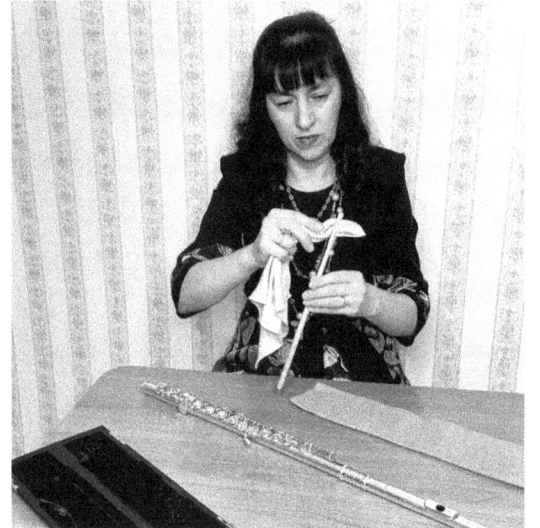

3)

4)

5)

6)

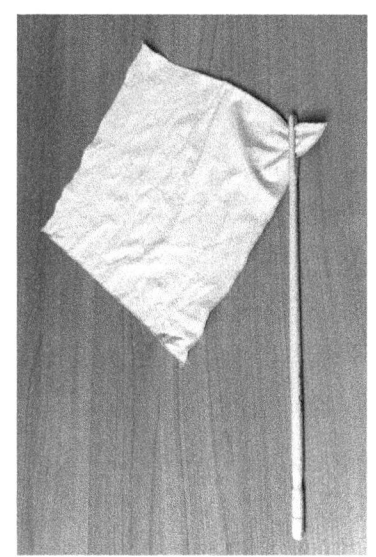
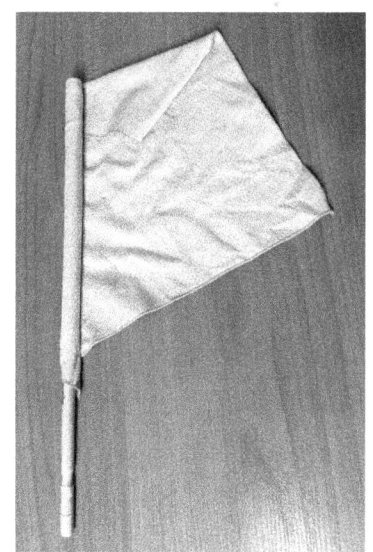

Siehe Video zum Reinigen der Flöte

Überprüfen Sie den Zustand der Klappen. Wenn Sie Probleme sehen, versuchen Sie nicht, diese selbst zu beheben, drehen Sie keine Schrauben in den Mechanismus, sonst können Sie die Klappen verlagern. Dies kann Ihre Flöte in ein Artefakt verwandeln. Es ist besser, einen professionellen Flötenfachbetrieb zu kontaktieren.

Lassen Sie die Flöte niemals in einem Auto liegen. Die Temperatur in einem Auto kann je nach Wetterbedingungen erheblich variieren. Dies kann zu einer Verformung des Mittelstücks oder anderen Schäden am Instrument führen.

Lassen Sie Ihre Flöte regelmäßig professionell reinigen und warten. Auch mit richtiger Instrumentenpflege wird es früher oder später professionelle Wartung benötigen. Es wird empfohlen, es alle ein bis zwei Jahre zu warten (abhängig von der Häufigkeit der Verwendung). Professionelle Reinigung hilft, tiefer sitzende Verstopfungen und Schmutz zu entfernen, sowie den Zustand der Klappen und Polster zu überprüfen.

Durch Befolgen dieser grundlegenden Flötenpflegeregeln bewahren Sie nicht nur Ihr Instrument in ausgezeichnetem Zustand, sondern erhalten auch den besten Klang aus Ihrem Instrument. Vergessen Sie nicht die professionelle Wartung und Reinigung, um eine lange Lebensdauer Ihres Instruments zu gewährleisten.

4. Erzeugen Sie Ihren ersten Ton auf dem Kopfstück

Das Wort „embouchure" (Ansatz) kommt von bouche, dem französischen Wort für Mund. Grundsätzlich definiert es, wie eine Person die Gesichtsmuskeln anspannt und die Lippen beim Flötenspielen positioniert. Um einen korrekten Ton zu bilden, ziehen Sie Ihre Lippen leicht nach vorne und fühlen Sie, wie der zarte innere Teil Ihrer Lippen zusammenkommt. Stellen Sie sich vor, als würden Sie puh sagen. Diese Lippenstellung ermöglicht es Ihnen, eine Öffnung zwischen Ihren Lippen zu bilden, je nach Bedarf, von weit bis sehr schmal, wie ein Nadelkopf.

Das erste, was Sie lernen müssen, ist, einen Ton mit nur dem Flötenkopfstück zu erzeugen, ohne ihn mit dem Mittelstück zu verbinden. Dies geschieht, damit Sie Ihre ganze Aufmerksamkeit auf die Tonerzeugung konzentrieren können, ohne von der Notwendigkeit abgelenkt zu werden, das Instrument zu halten. Stellen Sie sich vor einen Spiegel, nah genug, um Ihr Gesicht und Ihre Lippen zu sehen. Halten Sie das Flötenkopfstück mit beiden Händen, positionieren Sie es horizontal mit der offenen Kante nach rechts und der Lippenplatte mit dem Anblasloch oben. Legen Sie den gerundeten Teil der Lippenplatte gegen Ihre Lippen und lassen Sie die Öffnung parallel zum Boden.

Schauen Sie sich im Spiegel an und überprüfen Sie Ihre Lippen und die Lippenplatte. Stellen Sie sicher, dass die Öffnung in der Lippenplatte nach oben zeigt, nicht zum Spiegel und nicht fest gegen Ihre Lippen gepresst. Sie benötigen genug Platz, um Luft hinein zu blasen (das Foto zeigt, wie viel die Unterlippe das Anblasloch bedecken sollte). Ich muss Sie daran erinnern, dass Sie Ihre Lippen so zur Mitte bringen müssen, dass sie den puh-Ton bilden — nicht angespannt, aber auch nicht völlig entspannt.

Um die Mitte des Flötenansatzlochs genau mit der Mitte Ihrer Lippen auszurichten, können Sie diesen Trick verwenden: Drehen Sie das Loch so, dass es zu Ihnen zeigt, fühlen Sie seine Mitte mit der Mitte Ihrer Unterlippe, drehen Sie es dann weg von sich, so dass es genau an seinem Platz wie im Foto — in der Mitte der Lücke zwischen Ihren Lippen liegt. Nehmen Sie das Flötenkopfstück weg von Ihren Lippen und drücken Sie es dann wieder dagegen. Üben Sie genug, damit es automatisch wird.

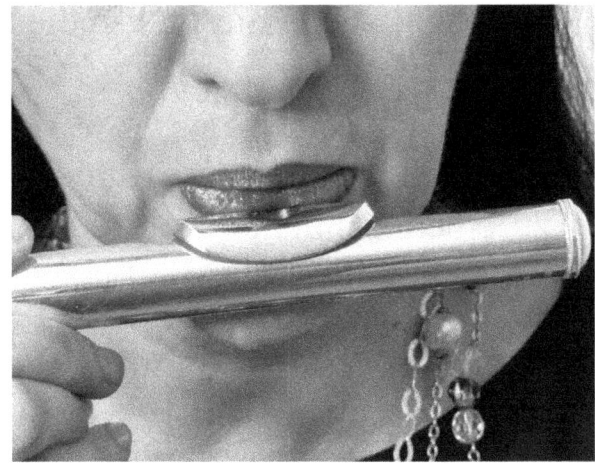 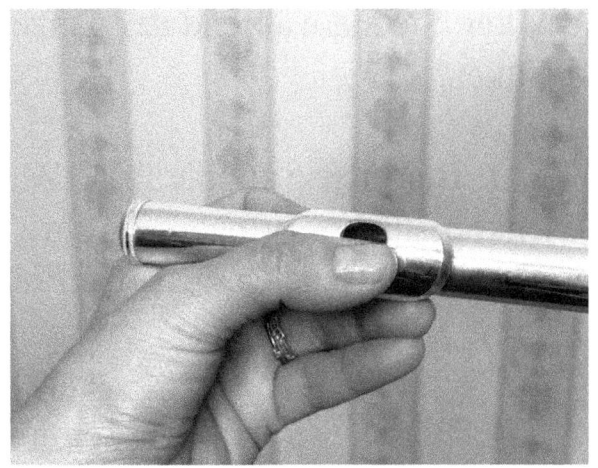

Falsche Positionierung des Kopfstücks der Flöte auf den Lippen:

 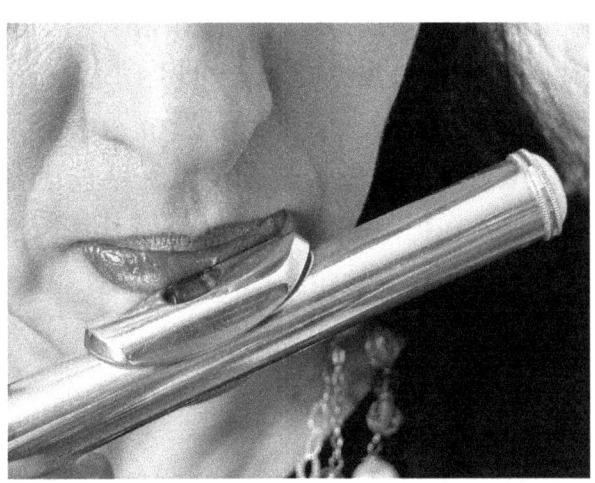

Luft in das Flötenkopfstück leiten

Sie sollten nicht direkt in das Anblasloch in der Lippenplatte blasen. Richten Sie stattdessen den Luftstrom auf die ferne Wand des Steigrohrs. Der Luftstrom trifft die Wand des Steigrohrs, dann kräuselt er sich und spiralt in den Flötenkanal, wobei seine Länge sich ändert, wenn die Klappen sich öffnen und schließen. So entsteht der Ton auf der Flöte. Um Ihnen zu helfen, Ihren ersten Ton am Kopfstück zu erzeugen, habe ich es in mehrere Schritte aufgebrochen:

1. Spannen Sie Ihre Bauchmuskeln an und nehmen Sie einen tiefen Atemzug in Ihre Lungen, während Sie Ihre Schultern nach unten senken.

2. Direkt nach dem tiefen Atemzug schließen Sie Ihre Lippen für eine Sekunde und halten Sie Ihren Atem an. Dies ermöglicht es Ihnen, später langsam und gleichmäßig auszuatmen. Halten Sie Ihre Bauchmuskeln angespannt und

halten Sie sie während der ganzen Zeit angespannt, wenn Sie Luft in die Flöte lenken.

3. Blasen Sie auf die ferne Wand des Steigrohrs in der Lippenplatte des Flötenkopfstücks. Bringen Sie Ihre Lippen zu einem schmalen Rohr zusammen und stellen Sie sich die Silbe *Fuh* vor. Es ist nicht notwendig, die Lippen nach vorne zu ziehen oder sie zu einem Lächeln zu dehnen.

4. Hören Sie sich den Ton an, den Sie bekommen: Wenn Sie alles richtig gemacht haben, sollten Sie einen Ton hören, der an eine Spielzeugeisenbahn erinnert.

5. Wenn Sie ein Zischen hören und keinen guten Ton bekommen, atmen Sie wieder ein. Während Sie Luft auf die ferne Wand des Steigrohrs blasen, verändern Sie leicht die Position des Anblaslochs in der Flöten-Lippenplatte, indem Sie es sanft zu sich selbst drehen und dann sanft weg drehen. So trifft die Luft verschiedene Teile des Steigrohrs. An irgendeinem Punkt wird die Position richtig sein und der Ton wird erscheinen. Es kann einige Zeit dauern, aber Sie werden es schaffen. Das Wichtigste ist Entschlossenheit und Ausdauer.

6. Wenn Sie gelernt haben, den Ton zu erzeugen, müssen Sie ihn weiter stärken. Atmen Sie ein und blasen Sie zu Beginn den Ton für 4–6 Sekunden lang. Dann erhöhen Sie die Dauer der Ausatmung auf 6–10 Sekunden. Dies ist notwendig, um das ununterbrochene Spielen langer musikalischer Phrasen in Flötenstücken zu gewährleisten.

Siehe Video zum Erzeugen des ersten Tons am Flötenkopfstück

7. Verwenden Sie bei Beginn jeder Ausatmung die Zunge, um den Anfang des Tons zu artikulieren. Stellen Sie sich vor, als würden Sie sich vorbereiten, *tju* zu sagen, aber ohne es zu sagen. Alles, was Sie tun müssen, ist zu blasen. Sie erhalten einen klareren Anfang des Tons zu Beginn der Ausatmung, der *Anstoß* genannt wird. Das Spielen mit einem solchen Anstoß wird *Détaché* genannt. Sie werden Ihre Lektionen mit dieser speziellen Artikulationstechnik beginnen.

Denken Sie daran, dass die Aufgabe des Blasens eines Tons am Flötenkopfstück darin besteht, eine stabile, korrekte Position der Lippenplatte des Flötenkopfes auf Ihrer Unterlippe zu finden. Versuchen Sie, einen gleichmäßigen, anhaltenden Ton zu erreichen (ohne häufig Atemzüge zu nehmen), machen Sie 1–2 Minuten Pausen, wenn die Muskeln Ihres Gesichts und Ihrer Lippen müde werden. Sie sollten sich daran gewöhnen und fühlen, wie der Ton erzeugt wird! Während des Spielens halten Sie Ihren Kehlkopf so offen wie möglich, wie beim Gähnen. Wenn Sie sich aufgrund von Überatmung schwindelig fühlen, möchten Sie vielleicht eine Weile Pause machen.

5. Spielhaltung

Spielhaltung von Mittelstück, Kopf, Händen und Fingern am Instrument; Ansatz (Embouchure); Zungentechnik und Atmung

In diesem Kapitel erfahren Sie, wie Sie beim Flötenspiel richtig sitzen oder stehen, wie Sie Ihr Instrument optimal halten und wie Sie durch eine entspannte Haltung das beste Klangergebnis erzielen.

Halten Sie Ihren Oberkörper aufrecht und locker — die Füße stehen etwa schulterbreit auseinander, die Schultern sind entspannt und die Ellbogen leicht vom Mittelstück abgewinkelt, sodass Ihre Brust nicht eingedrückt und das Atmen frei bleibt. Der Kopf ist gerade, nehmen Sie eine natürliche, bequeme Position ein. Kontrollieren Sie Ihre Haltung am besten im Spiegel: Die Flöte befindet sich waagerecht vor dem Gesicht, die rechte Seite darf dabei nicht nach unten hängen. Die linke Hand greift seitlich und näher am Kopfstück, die rechte Hand befindet sich mit der Handfläche nach unten in der Nähe des Fußstücks — das Handgelenk bildet dabei mit dem Unterarm eine gerade Linie.

Die Flöte ruht auf drei Stützpunkten:
1) auf dem Grundglied des linken Zeigefingers (am Korpus unterhalb der Klappen);
2) auf dem Unterkiefer (bzw. der Unterlippe);
3) und auf dem rechten Daumen, der das Instrument von unten trägt.

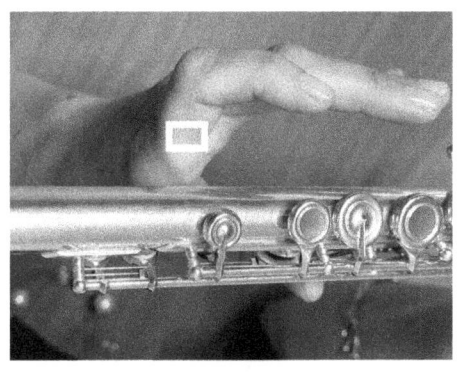 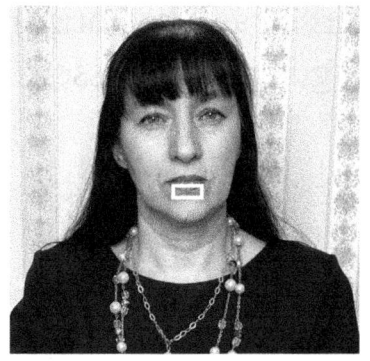 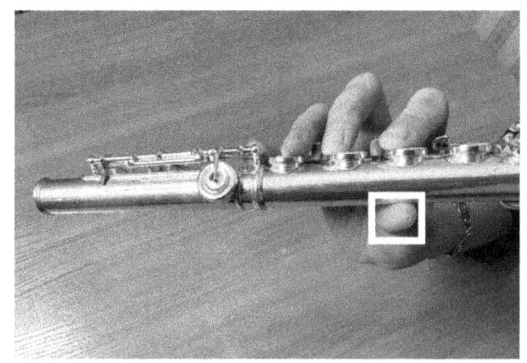

Punkt 1   Punkt 2   Punkt 3

Alle drei Stützpunkte funktionieren zusammen, um das Instrument beim Spielen zu halten — die linke Hand stützt die Flöte von unten, die Stelle unter der Unterlippe widersteht dem Druck der linken Hand, und die Flöte ruht mit ihrem Mittelpunkt auf dem Daumen der rechten Hand. Auf diese Weise hat die Flöte eine stabile Position, in der die Lippen und Finger des Flötisten frei bleiben und die Flöte spielen können.

Legen Sie das Gewicht des Instruments niemals in die Kurve zwischen Zeigefinger und Daumen der linken Hand — dies macht es schwer, die Finger zu bewegen. Auch sollte die Flöte niemals zur Basis des Daumens der rechten Hand wandern. Das ist keine effektive Flöte-Spielposition. Es mag sich anfangs unbequem anfühlen, die Flöte zu halten. Die Flöte kann versuchen, aus Ihren Händen zu fallen, aber bitte seien Sie geduldig und verständnisvoll und es wird alles in Ordnung kommen.

Drehen Sie Ihren Kopf nicht zur linken Schulter und lehnen Sie die Flöte daran an. Das ist eine falsche Position, die nicht zu einer guten Klangerzeugung führt. Stattdessen sollten Sie, um das Flötenkopfstück und die Lippenplatte in die Spielposition zu bringen, Ihre Hände mit der Flöte so weit nach rechts bewegen, dass die Flöten-Lippenplatte genau in der Mitte Ihrer Lippen liegt. Bewegen Sie auch nicht Ihren rechten Arm nach hinten, senken Sie ihn nicht oder lehnen Sie Ihren rechten Ellbogen an Ihrer

Seite an. Dies wird sich unweigerlich auf die horizontale Position der Flöte auswirken und auch die Klangerzeugung beeinflussen.

Finger-Platzierung und -Funktion

Alle Finger, die die Klappen drücken, müssen frei bleiben, um schnell zu sinken und zu heben. Achten Sie auf die Finger: Sie sollten nicht angespannt, gerade wie Bleistifte oder gekrümmt wie Hämmer sein.

Die Reihenfolge der Finger auf den Klappen eines Musikinstruments wird als Fingersatz bezeichnet. Sie werden den gesamten Flöten-Fingersatz auf den Seiten 85–87 erfahren (siehe Seite 88 für einen Ausdruck). Jetzt werden wir nur die Ausgangsposition der Finger besprechen. Dies ist die Vorbereitungsposition, bevor Sie die Klappen drücken. Die Finger werden auf den Hauptklappen (1–9) etwa einen Zentimeter von der Oberfläche entfernt oder auf ihr ruhend aufgelegt, ohne tatsächlich die Klappen zu drücken.

Lassen Sie uns nun die Namen der Flötenklappen und Hebel auflisten:

<u>Die Positionierung der Finger der linken Hand auf der Flöte:</u>

1. Der Daumen wird auf die H-Klappe (**1**) oder B-Klappe (**1a**) gelegt. Der Finger bewegt sich frei während des Spiels. Verwenden Sie ihn nicht als Flötenstütze!

2. Der Zeigefinger wird auf die C-Klappe (**2**) gelegt.

3. Der Mittelfinger wird auf die A-Klappe (**3**) gelegt.

4. Der Ringfinger wird auf die G-Klappe (**4**) gelegt.

5. Der kleine Finger ruht auf dem Gis-Hebel (**5**).

Das Wort „ruht" bezieht sich hier nur auf den Platz für den Finger. Ob die Klappe (der Hebel) gedrückt wird oder freigegeben wird, wird angezeigt, wenn Sie die Noten lernen.

<u>Die Position der Finger der rechten Hand:</u>

1. Der Daumen wird verwendet, um die Flöte zu stützen. Er ist an der Tonerzeugung nicht beteiligt. Platzieren Sie Ihren Daumen von unten unter dem Mittelstück der Flöte, genau gegenüber von Ihrem Zeigefinger. Stellen Sie sicher, dass die Muskeln in Ihrem rechten Handgelenk nicht angespannt werden.

2. Platzieren Sie Ihren Zeigefinger auf der F-Klappe (**6**).

3. Der Mittelfinger wird auf die E-Klappe (**7**) gelegt.

4. Der Ringfinger befindet sich auf der D-Klappe (**8**).

5. Der kleine Finger wird hauptsächlich auf den Hilfshebel (**9**) gelegt und verschiebt sich bei den Noten c und cis (**9a**, **9c**) nach rechts. Der kleine Finger muss fast ständig auf den Hebel (**9**) drücken, weil die von ihm gesteuerte Klappe immer offen sein muss. Die Ausnahmen sind das eingestrichene und zweigestrichene D und das C der viergestrichenen Oktave.

Die Finger der Hand sollten leicht gerundet sein, als würden Sie einen kleinen Apfel halten, nicht gerade. Vermeiden Sie ein Durchbiegen des ersten Fingergliedes, da dies zu übermäßiger Muskelspannung beiträgt und die Beweglichkeit und rhythmischen Bewegungen der Finger negativ beeinflusst. Achten Sie besonders auf den kleinen Finger der rechten Hand, der ständig den Hebel (9) drückt — er sollte gerundet sein, nicht gerade, sonst kann auch das Handgelenk der rechten Hand angespannt werden.

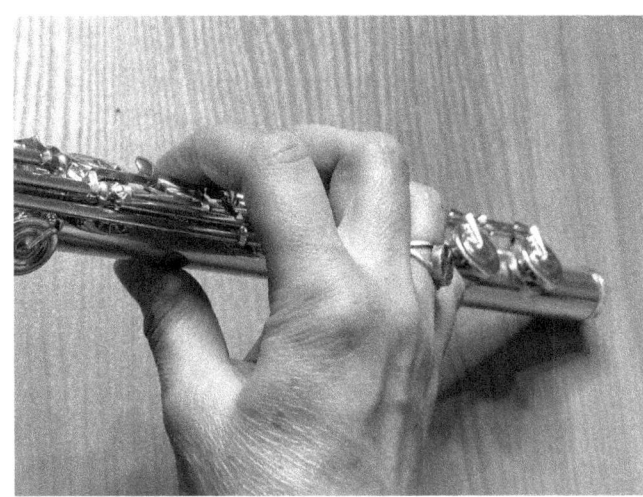
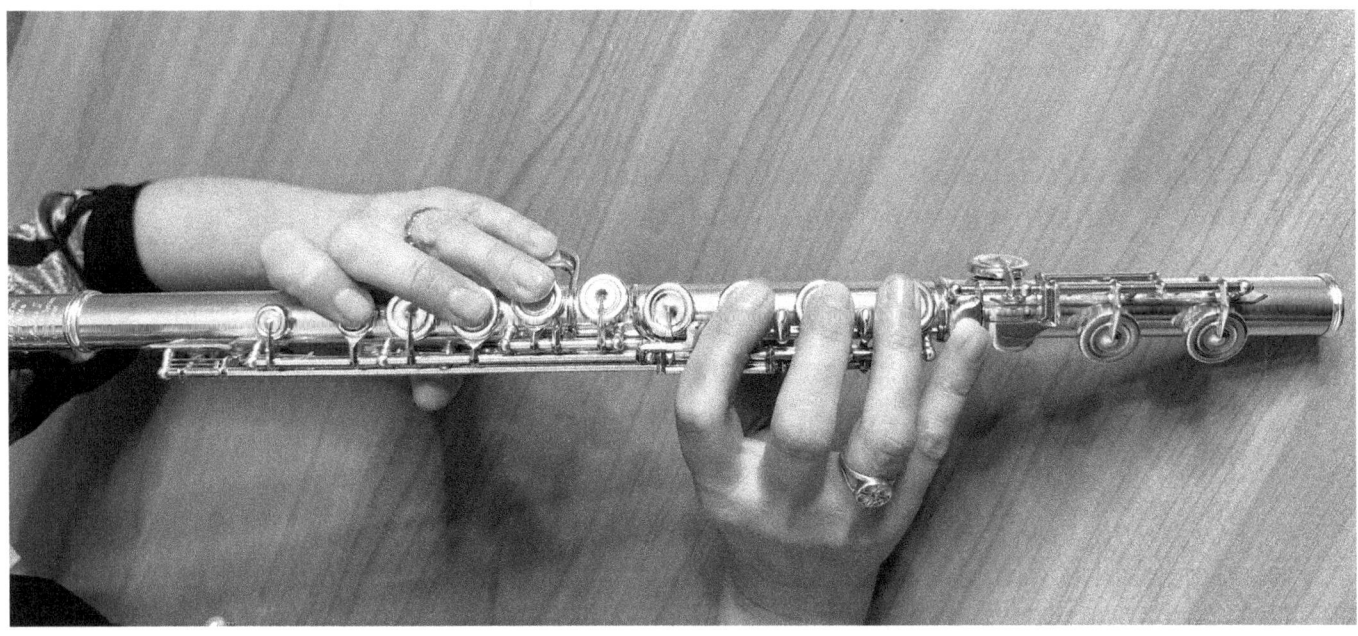

Sie sind nun fast bereit, einzelne Noten auf der Flöte zu spielen und mit der Beherrschung der Anfangsmusiktheorie und einfacher Stücke zu beginnen — alles das wartet auf Sie in Teil 2.

Finger-Positionierung auf den Klappen

Aber Moment!

Es gibt zwei weitere interessante Punkte, die Sie im Voraus kennen sollten.

Punkt Nr. 1. Flötisten schauen nicht auf ihre Finger während des Spiels. Sie müssen lernen, jeden Ihrer Finger zu spüren und die Bewegungen Ihrer Finger einzeln und die Bewegungen mehrerer Finger gleichzeitig zu kontrollieren. Während das Spielen des Klaviers erfordert, dass ein Finger eine einzelne Taste drückt, um eine einzelne Note zu spielen, erfordert das Spielen der Flöte, dass mehrere Finger eine Kombination mehrerer Klappen gleichzeitig drücken, um eine einzelne Note zu spielen. Die Finger bewegen sich nicht immer zusammen, wie sie möchten. Oft müssen Sie bei alternierenden Noten einen Finger heben und gleichzeitig den anderen senken. Daher achten Sie auf das Lernen des Fingersatzes und beeilen Sie sich nicht. Lernen Sie eine Note richtig, bevor Sie mit dem Studium der nächsten Note fortfahren.

Punkt Nr. 2. Die Tonhöhe des Schalls auf der Flöte hängt von der Länge des Flötenkanals ab. Dies bedeutet, dass wir alle Klappen auf der Flöte schrittweise und abwechselnd von links nach rechts schließen, um von hohen zu tiefen Tönen im eingestrichenen Oktavbereich zu wechseln. Um jedoch die Töne der zweigestrichenen und dreigestrichenen Oktave zu erzeugen, muss der Spieler eine Technik namens „Oktav-Überblasen" beherrschen. In der eingestrichenen und zweigestrichenen Oktave haben viele Noten denselben Fingersatz (Position der Finger auf den Klappen), aber die Kraft der in die Flöte blasenden Luft muss größer sein und die Lippenöffnung muss kleiner sein. Der Luftstrom in den Flötenkanal sollte noch stärker sein, wenn man in der dreigestrichenen Oktave spielt, aber dort hat der Fingersatz jeder Note seine eigenen Besonderheiten, die Sie in den Fingersatz-Diagrammen studieren können.

Der Prozess des Oktav-Überblasens

Spielen in verschiedenen Positionen

Sie können sitzend, stehend (sogar gehend, wie in einer Band) spielen, aber für Anfänger ist es einfacher, das Instrument stehend zu beherrschen. Solo-Flötisten spielen normalerweise auf der Bühne stehend.

Sitzen ist leichter, da Sie nicht so müde werden und mehr Zeit zum Üben

aufwenden können. Wenn Sie manchmal sitzend spielen möchten, sollten Sie auf der Vorderseite eines Stuhls sitzen, sich auf Ihre Füße stützen und mit geradem Rücken sitzen. Vermeiden Sie bequeme Stühle mit Armlehnen, da es schwierig ist, in ihnen eine richtige Körperhaltung zu bewahren. Besorgen Sie sich einen stabileren Stuhl, wie einen Küchenstuhl. Lehnen Sie sich niemals an die Rückenlehne an, wenn der Stuhl eine hat. Sie sollten aufrecht sitzen. Ihre Beine sollten weder unter Ihnen eingezogen noch nach vorne gestreckt sein. Die Knie sollten in einem 90-Grad-Winkel gebeugt sein.

Was Sie noch wissen müssen, um aus den Noten zu spielen

Abgestoßen *(détaché)* bedeutet das Spielen einzelner Noten auf der Flöte, die keine zusätzlichen Markierungen über sich haben. Wenn Sie einen Ton vom Flötenkopfstück auf einer vollständig montierten Flöte erzeugen, blasen Sie einfach hinein und stellen Sie die Silbe „fju" dar. Die Zunge nimmt an diesem Prozess nicht teil. Beim Spielen mit Noten ist es üblich, den Ton durch einen sogenannten „Anschlag" klarer zu machen. Das ist die Zungenbewegung, die an die Silbe „tju" erinnert: Die Zunge berührt den oberen Gaumen und die Rückseite der Zähne, genauso wie wenn man den „t"-Laut ausspricht, aber sie sollte nicht zwischen den Lippen heraustreten. Es ist wichtig zu verstehen, dass die Zunge den Ton nicht erzeugt. Sie blockiert nur den Ausgang des in das Instrument geleiteten Luftdrucks.

Legato (gebunden) bedeutet das Verbinden von Noten durch kontinuierliches Ausatmen. Es wird in den Noten durch eine gekrümmte Linie über den Noten angezeigt, die als Bindebogen bezeichnet wird. Wenn Sie sehen, dass ein solcher Bogen von einer Note über mehrere andere gezogen wird, sollten Sie die erste Note durch einen Anschlag des Tons mit Ihrer Zunge spielen, und dann weiter Luft in die Flöte blasen, und mit Ihren Fingern die erforderlichen Klappen drücken, um die Noten zu spielen — die Melodie klingt glatt, und ein Ton fließt glatt in einen anderen. Sie sollten jedoch auf die Koordination der Fingerbewegungen achten, damit die Bewegungen flink sind und die Finger rechtzeitig angehoben werden. Andernfalls erfolgt der Übergang von einer Note zur nächsten nicht korrekt.

Staccato (scharf abgetrennt) ist eine Technik zum Spielen eines kurzen Tons (etwa die Hälfte der geschriebenen Dauer), angezeigt durch Punkte über oder unter der Note. Sie können den Ton verkürzen, indem Sie die Ausatmung stoppen, oder Sie können den Luftauslass mit Ihrer Zunge schließen, wie wenn man die Silbe „tjut" sagt. Die Zungenbewegung sollte zeitlich mit den Fingerbewegungen koordiniert sein und durch einen starken Ausatmungsstoß unterstützt sein.

Ton beenden — es gibt eine sanfte und eine harte Art, einen Ton zu beenden. Sanftes Beenden oder Abdämpfen des Tons wird ohne Zunge durchgeführt, nur durch Verringerung und Stopp des Atems. Das harte Beenden wird mit der Zunge durchgeführt, die als Ventil fungiert, um die Luft zur Öffnung des Anblasloches in der Lippenplatte zu unterbrechen.

Flöte stimmen

Die Flöte hat keine feste Tonhöhe, daher muss sie jedes Mal vor dem Spielen mit dem Klavier, in einem Ensemble mit anderen Instrumenten oder zu einer Begleitspur gestimmt werden.

Um die Flöte zu stimmen, ist es bequemer, ein Stimmgerät zu verwenden — ein Gerät, das die korrekte Tonhöhe des Tons anzeigt. In der Regel hat das Stimmgerät eine Schwingungsfrequenz des A der eingestrichenen Oktave von 440 Hz. Dieser Ton dient als Ausgangspunkt für die Stimmung aller akustischen Instrumente. Diejenigen, die authentische alte Musik aufführen möchten, stellen die Schwingungsfrequenz des eingestrichenen A leicht niedriger ein, auf 432 Hz. Es gibt eine App „Tuner and Metronome" („Tuner by Piascore"), die auf einem Mobiltelefon, Tablet oder Computer installiert werden kann.

Die Flöte wird auf die gewünschte Frequenz angepasst, indem das Flötenkopfstück aus dem oder in das Mittelstück der Flöte verschoben wird. Beginnen Sie damit, die Note A zu spielen, und schauen Sie auf das Stimmgerät, um zu sehen, ob der Indikatorpfeil im Bereich der richtigen Tonhöhe liegt. Wenn der Indikator über diesen Bereich hinausgeht, sollten Sie das Flötenkopfstück einfach ein wenig, etwa 1–2 Millimeter, aus dem Mittelstück herausziehen und erneut spielen, während Sie auf das Stimmgerät schauen. Wenn die Flötentonhöhe niedriger ist, drücken Sie das Kopfstück einfach ein wenig in das Mittelstück hinein und überprüfen Sie das Stimmgerät. Die Stimmkapazität ist von den Herstellern eingebaut, daher wird die Tonhöhe höher sein, wenn Sie das Flötenkopfstück zunächst so weit wie möglich in das Mittelstück hineindrücken.

Flöte mit einem Stimmgerät stimmen

Sie sollten sich jedoch bewusst sein, dass der Ton nicht immer genau mit der Anzeige des Stimmgeräts übereinstimmt. In diesem Fall gibt es eine Methode zur genaueren Stimmung — die Anpassung der Position des Lochs in der Lippenplatte der Flöte im Verhältnis zum Luftstrom. Wenn Sie die Tonhöhe erhöhen möchten, drehen Sie das Ansatzloch leicht weg von sich selbst. Und andersherum: Drehen Sie es zu sich selbst hin, wenn die Tonhöhe gesenkt werden muss.

Tonerzeugung, grundlegende Fehler und Tipps zur Fehlerbehebung

Beachten Sie: Die Verwendung falscher Techniken, fehlerhafter Atmung und falscher Handplatzierung bei der Arbeit an Ihrer Tongestaltung und Fingerkoordination kann Sie ineffektiv machen, Müdigkeit verursachen und Fehler verstärken, die später nicht leicht zu beheben sind.

Wenn Sie zu stark blasen, erzeugen Sie einen rauen, pfeifenden, unangenehmen Ton. Versuchen Sie, sanfter zu blasen, um einen melodischeren Ton zu erzeugen. Je nach Melodie kann der Luftstrom schneller oder langsamer sein, aber die Ausatmung sollte immer durch angespannte Bauchmuskeln gestützt sein.

Ein wichtiger Punkt: Blasen Sie nicht Ihre Wangen auf und heben Sie nicht Ihre Schultern, wenn Sie Luft holen. Diese Dinge können leicht zu schlechten Gewohnheiten werden und auch das Aufrechterhalten eines gleichmäßigen Tons erschweren. Überprüfen Sie visuell, indem Sie in den Spiegel schauen, wie Sie Luft holen und ausatmen. Atmen Sie ein: Gehen Ihre Schultern hoch? Wenn ja, müssen Sie Ihre Atmung korrigieren. Atmen Sie aus. Spannen Sie Ihre Bauchmuskeln erneut an und atmen Sie ein, als würden Sie an Ihrem Lieblingsparfum riechen — Ihr Bauch und Ihr Brustkorb sollten sich ausdehnen, aber Ihre Schultern und Ihre Brust sollten an ihrem Platz bleiben. Jetzt haben Sie es!

Teil 2

Alle Videos (Wiedergabeliste)

Alle Videos sind in einer Wiedergabeliste auf YouTube *(online)* enthalten:

oder nutzen Sie den Link:

cutt.ly/Krm3nGc8

Alle Audio- und PDF-Dateien zum Herunterladen

Alle Audio- und PDF-Dateien sind auch auf Google Drive verfügbar:

oder nutzen Sie den Link:

cutt.ly/6rmHXxI2

Wichtige Informationen zu Audio- und PDF-Dateien

1. Laden Sie unbedingt alle Dateien von Google Drive auf Ihren Computer herunter. Bei uns gab es einmal einen Fehler in unserem System und unsere Dateien waren vorübergehend online nicht verfügbar. Es wäre am besten, sie alle auf einmal herunterzuladen, damit Sie jederzeit offline darauf zugreifen können.

2. In Liedern mit Begleitung in Audiodateien, die mit dem Zeichen „+" gekennzeichnet sind, hören Sie ein Beispiel dafür, wie die Melodie gespielt werden soll (Flöte spielt die Melodie, bzw. Flöte spielt Solo). Die Audiodateien mit dem Zeichen „-" haben keine Melodie, nur die Begleitspur. Sie sind dafür da, um mit ihr zu spielen.

Bei Fragen, Kommentaren oder Vorschlägen schreiben Sie uns bitte unter:
avgustaudartseva@gmail.com

Einleitung

Es reicht sicherlich nicht, zu wissen, wie man die Tasten auf der Flöte drückt. Ebenso ist es wichtig, geschriebene Musik zu verstehen und zu lesen. Um dies zu erreichen, müssen Sie musikalische Bildung erwerben, was nicht so schwierig ist. Nach dem Erlernen der Grundtheorie können Sie diese nicht nur zum Spielen der Flöte, sondern buchstäblich für jedes andere Instrument nutzen!

Die Welt der Musik wird sich vor Ihnen öffnen, und Sie werden in der Lage sein, Melodien zu lesen, die Ihnen vertraut sind und die Ihnen gefallen.

Nicht nur wird sich Ihr Repertoire vergrößern, sondern Sie werden auch Ihre eigene Musik aufzeichnen können, sollten Sie in einem Moment der Inspiration eine einzigartige Melodie erfinden.

Dieses Buch enthält verschiedene Lieder und Melodien, die einfach zu spielen sind. Einige Lieder haben Texte, was es einfacher macht, die Struktur von musikalischen Phrasen zu verstehen und Ihnen hilft, ausdrucksvoller zu spielen.

1. Das Notensystem, Noten und der Violinschlüssel

Musik wird auf einem Satz von 5 Linien notiert, dem sogenannten Notensystem (oder Liniensystem). Die zwei am häufigsten verwendeten Schlüssel sind der Violinschlüssel und der Bassschlüssel.

Musiknoten sind ovale Symbole, die auf den Linien oder in den Zwischenräumen platziert werden. Sie stellen musikalische Töne dar, die sogenannten Tonhöhen.

Die Linien des Notensystems werden von unten nach oben durchnummeriert (1–5). Die Zwischenräume zwischen den Linien werden ebenfalls von unten nach oben durchnummeriert (1–4). Wenn die Noten höher auf dem Notensystem erscheinen, klingen sie höher. Wenn die Noten niedriger auf dem Notensystem erscheinen, klingen sie niedriger.

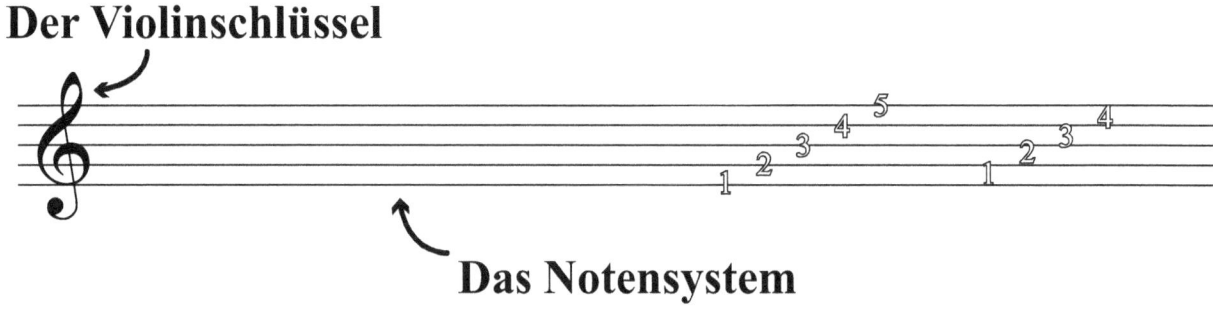

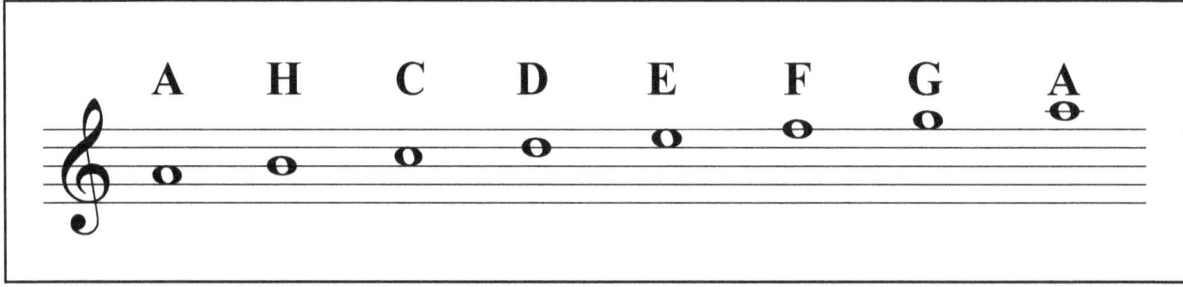

Im Violinschlüssel sind die Namen der Noten auf den Linien von unten nach oben **E, G, H, D, F**.

Noten auf den Linien

Die Eselsbrücke lautet: **E**s **G**eht **H**urtig **D**urch **F**leiß

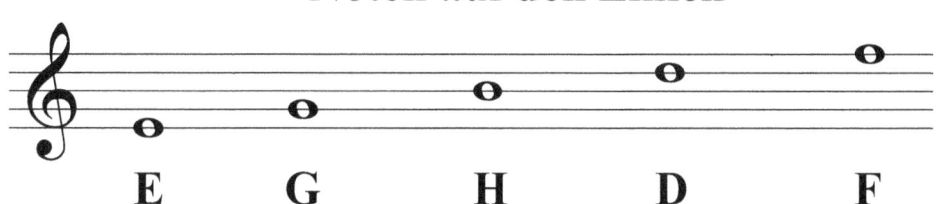

Noten in den Zwischenräumen

Die Namen der Noten in den Zwischenräumen von unten nach oben sind **FACE**.

Hilfslinien sind kleine Linien mit Noten, die über oder unter einem Notensystem erscheinen. Der Zweck dieser Linien besteht darin, das Notensystem in beide Richtungen, oben und unten, zu erweitern.

Eine Oktave ist einfach der Abstand zwischen einer Note und derselben Note, die in der nächsten höheren oder niedrigeren Lage wiederholt wird.

Sie können sehen, dass sich die Noten wiederholen (und es gibt insgesamt 7 davon). Wenn dieselbe Note eine Oktave höher gespielt wird, klingt sie genau gleich, nur höher.

Die Notenhälse erstrecken sich nach oben auf der rechten Seite, wenn die Note unter der 3. Linie des Notensystems erscheint. Die Notenhälse erstrecken sich nach unten auf der linken Seite, wenn die Note auf der 3. Linie des Notensystems oder darüber erscheint.

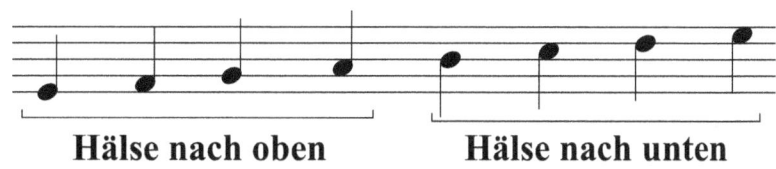

2. Notenwerte

Während die Platzierung von Noten auf dem Notensystem die Tonhöhe anzeigt, wird die Dauer der Note (wie lange die Note gehalten wird) durch den Notenwert bestimmt.

Eine ganze Note ist ein offenes Oval. Eine ganze Note ist gleich vier Schlägen (oder Zählzeiten). Zählen und klatschen Sie den Rhythmus regelmäßig (Hände zusammen für 4 Zählzeiten). Die Schlagzahlen sind unter den Noten geschrieben. Sagen Sie auch „ta-ah-ah-ah" (in einem kontinuierlichen Ton) und klatschen.

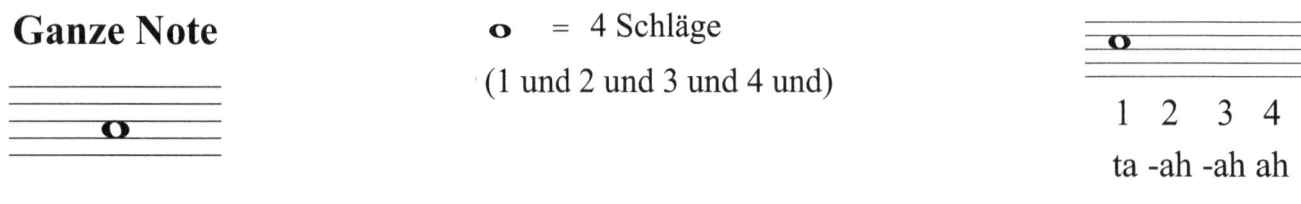

Zwei halbe Noten sind gleich der Dauer einer ganzen Note.

Eine halbe Note ist gleich zwei Schlägen (oder Zählzeiten). Zählen und klatschen Sie den Rhythmus regelmäßig (halten Sie Ihre Hände zusammen für 2 Zählzeiten). Die Schlagzahlen sind unter den Noten geschrieben. Sagen Sie auch „ta-ah" (in einem kontinuierlichen Ton) und klatschen.

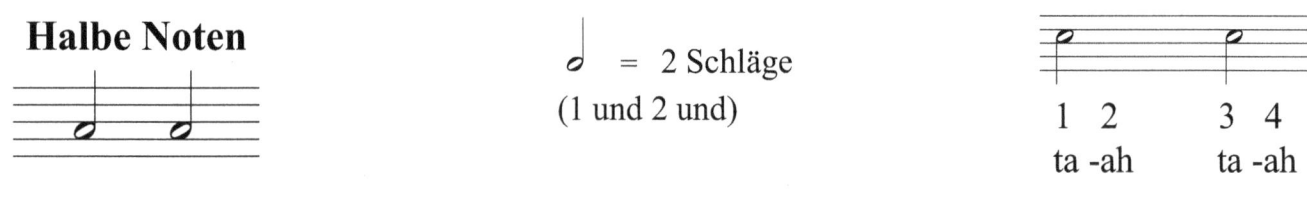

Vier Viertelnoten sind gleich der Dauer einer ganzen Note.

Eine Viertelnote ist gleich einem Schlag (oder einer Zählzeit). Zählen Sie (1, 2, 3, 4) und klatschen Sie den Rhythmus regelmäßig (einmal pro Schlag). Die Schlagzahlen sind unter den Noten geschrieben. Sagen Sie auch „ta" und klatschen.

3. ⁴⁄₄-Taktart, Takt, Taktstrich

Die Taktart erscheint am Anfang der Musik nach dem Schlüsselzeichen. Sie enthält zwei Zahlen, eine über der anderen.

Die obere Zahl zeigt an, wie viele Schläge (oder Zählzeiten) sich in jedem Takt befinden. In diesem Fall sind es 4.

Die untere Zahl zeigt an, welche Art von Note einen Schlag erhält. In diesem Fall ist es eine Viertelnote.

Die zwei Zahlen in der 4/4-Taktart werden oft durch den Buchstaben **C** ersetzt.

$$\tfrac{4}{4} = \mathbf{C}$$

Musik ist durch Taktstriche in gleiche Teile unterteilt. Der Bereich zwischen zwei Taktstrichen wird als Takt bezeichnet.

Der Schlussstrich wird am Ende eines Musikstücks geschrieben. Er besteht aus einer dünnen und einer dicken Linie, wobei die dicke Linie immer außen ist.

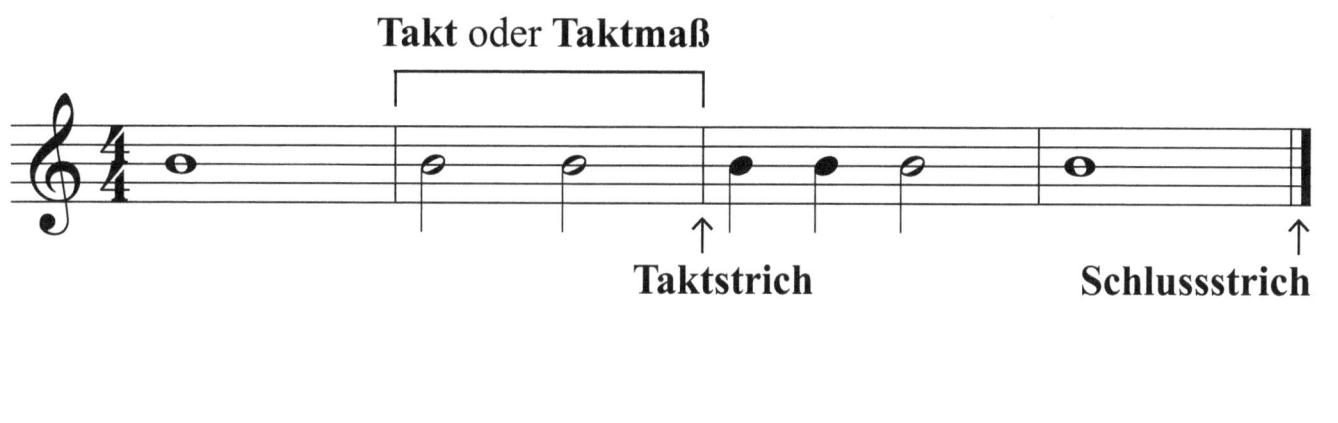

Die Note H

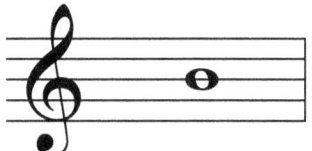 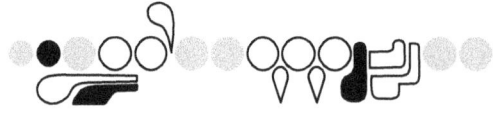 

Üben der langen Töne

Es ist wichtig, das Spielen der langen Töne zu üben. Dies sind Töne, die so lange gespielt werden, wie man ausatmet. Das Aushalten der langen Töne wird am Anfang jeder Flötenstunde geübt.

Spiele H ——————— Tief Luft holen ——————— usw.

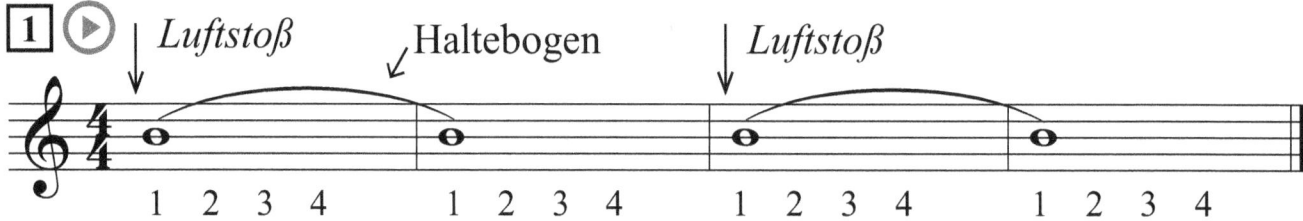

Ein Haltebogen verbindet zwei Noten der gleichen Tonhöhe durch eine gebogene Linie über oder unter den Noten. Jede Note, die durch einen Haltebogen verbunden ist, wird für ihren vollen Wert gehalten, aber nur die erste Note wird gespielt oder gesungen. Der Wert der gebundenen Note wird zum Wert der ersten Note addiert.

4. Pausen

Musik besteht nicht nur aus Klängen, sondern auch aus Stille zwischen den Klängen. Die Dauer der musikalischen Stille wird durch den Wert der Pause bestimmt.

Eine ganze Pause bedeutet, für einen ganzen Takt zu pausieren. Sie hängt von der 4. Linie nach unten.	
Eine halbe Pause entspricht der Hälfte einer ganzen Pause. Sie sitzt auf der 3. Linie.	
Eine Viertelpause entspricht einem Viertel einer ganzen Pause.	

Im 4/4-Takt:

Die Viertelpause entspricht einem Schlag.	
Die halbe Pause entspricht 2 Schlägen.	
Die ganze Pause entspricht 4 Schlägen.	

1 Viertelnote = 1 Schlag   1 Viertelpause = 1 leiser Schlag

Klatschen Sie den Rhythmus beim Zählen.

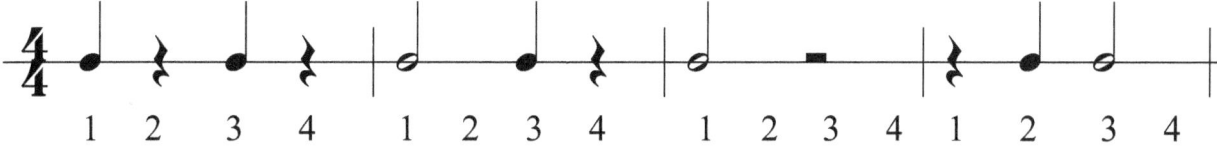

Die Note A

 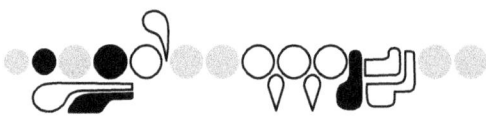 

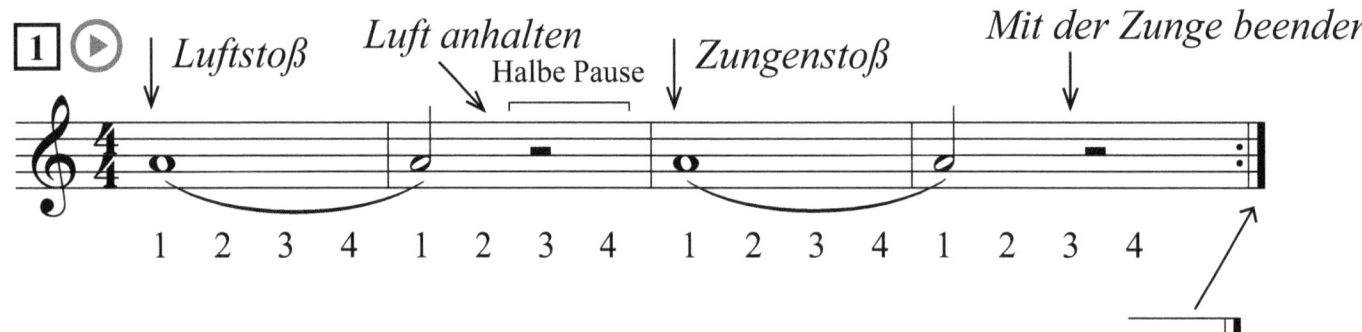

Wiederholungszeichen umfassen eine Passage, die zweimal gespielt werden soll.

Spielen Sie lange Töne, während Sie auf dem ersten Ton allmählich lauter und auf dem zweiten Ton allmählich leiser werden.

Das Beenden langer Töne erfolgt gewöhnlich ohne Hilfe der Zunge, wodurch ein sanftes Verblassen des Tons entsteht.

Häufig findet man über den Noten Zeichen in Form eines V oder eines Kommas, die angeben, wo geatmet werden kann.

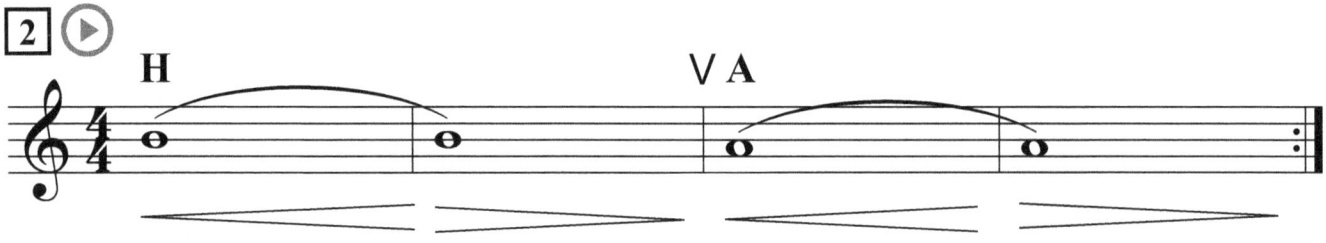

Symbol	Italienisch	Deutsch
<	*crescendo*	Nach und nach lauter werden
>	*diminuendo*	Nach und nach leiser werden

5. Achtelnote

Wenn man einer Viertelnote ein Fähnchen hinzufügt, wird sie zu einer **Achtelnote**.

Hals → ♪ ← Fähnchen
      ● ← Notenkopf

Zwei Achtelnoten entsprechen der Dauer einer Viertelnote. Eine Achtelnote entspricht der Hälfte eines Schlags (oder einer Zählzeit).

Achtelnoten

♪ ♪ = 1 Schlag = ♩   ♪ = 1/2 Schlag
1 und

Zählen Sie (1 und 2 und 3 und 4 und) und klatschen Sie den Rhythmus gleichmäßig (einmal pro Schlag und einmal pro „und"). Die Schlagzahlen stehen unter den Noten. Sagen Sie auch „ti" und klatschen Sie.

Zwei oder mehr Achtelnoten werden durch einen Balken verbunden.

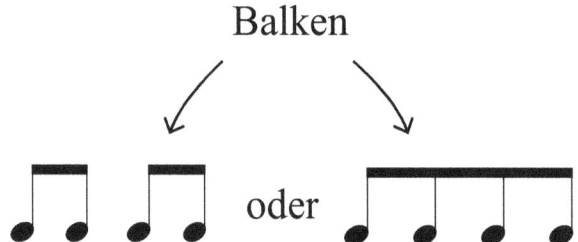

Zwei Achtelnoten entsprechen einer Viertelnote.	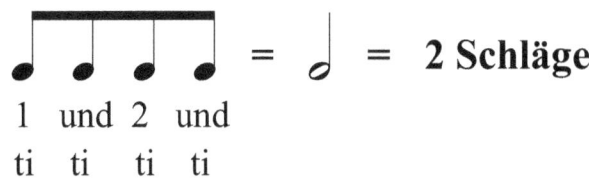	
Vier Achtelnoten entsprechen einer Halben Note.	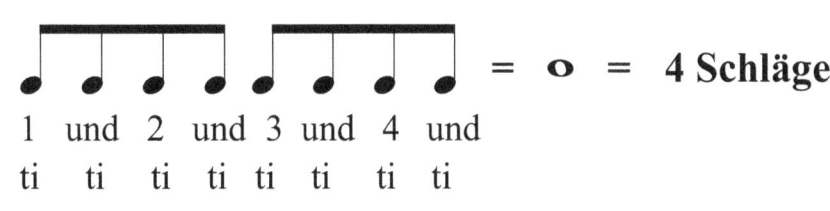	
Acht Achtelnoten entsprechen einer Ganzen Note.		

Klatsche den Rhythmus beim Zählen

5   ▶   & = und

Die Note G

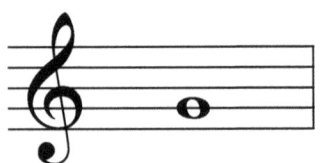 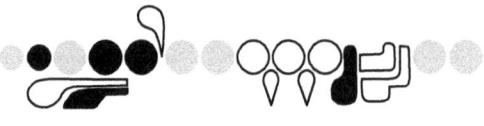 

Übe den langen Ton

 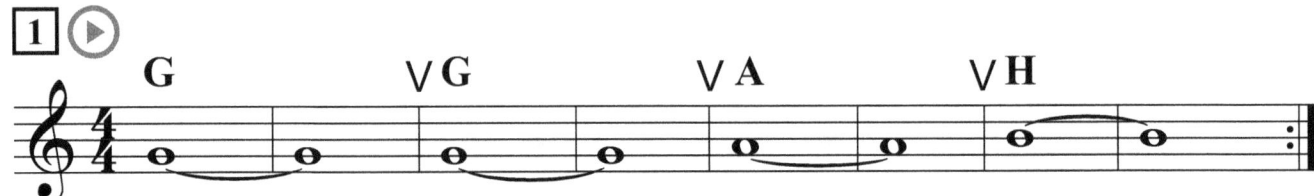

Mit dem Rhythmus klatschen und zählen

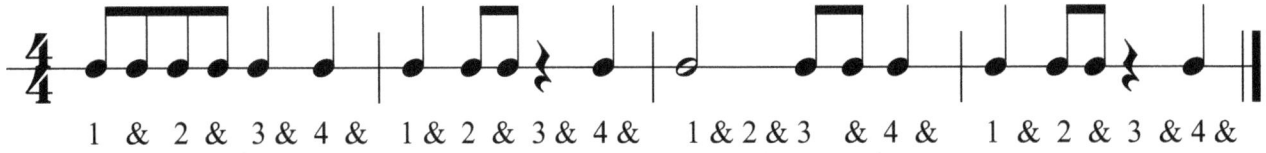

Jetzt können Sie diese Lieder spielen.

Hot Cross Buns

Down by the Station

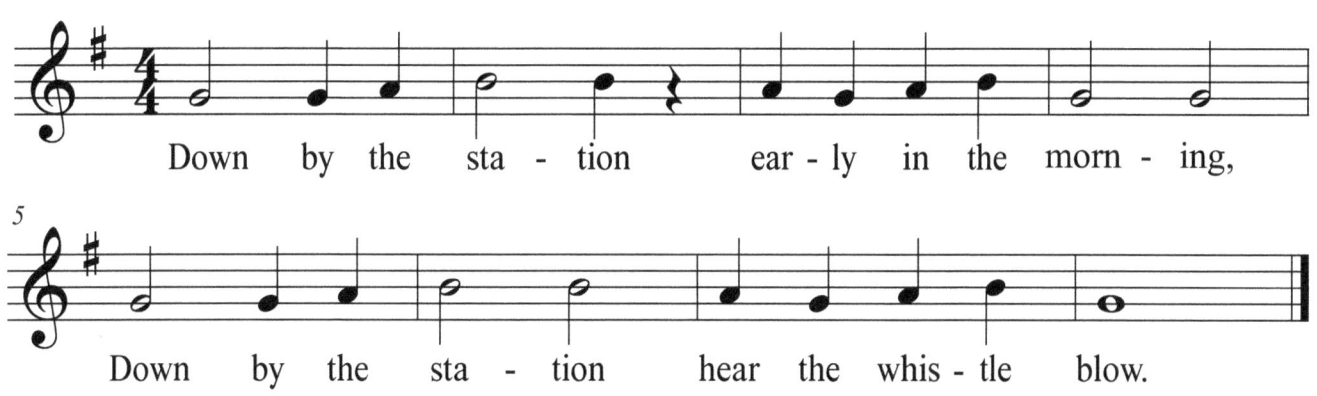

Sleep, Baby, Sleep

Traditionell

6. ⅔- und ¾-Taktarten

2/4 2 bedeutet, dass es 2 Schläge pro Takt gibt;
4 bedeutet, dass die Viertelnote einen Schlagwert erhält.

2/4 und **4/4** haben beide die 4 als untere Zahl, das heißt, die Viertelnote erhält einen Schlag. Der Unterschied ist, dass **2/4** 2 Schläge pro Takt hat, während **4/4** 4 hat.

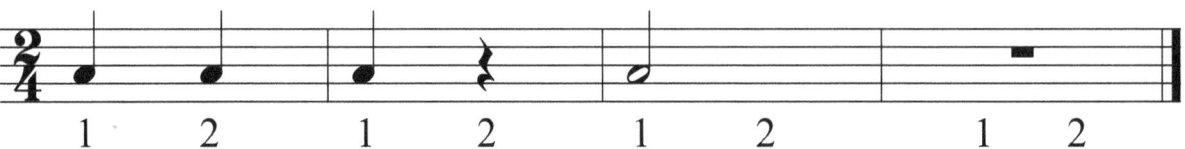

Eine ganze Pause wird für einen vollen Takt Ruhe verwendet, auch wenn es nur 2 Schläge in jedem Takt gibt. Beim Notieren von Musik werden im **2/4**-Takt weder Halbe Pause noch Ganze Noten verwendet.

3/4 3 bedeutet, dass es 3 Schläge pro Takt gibt;
4 bedeutet, dass die Viertelnote einen Schlag erhält.

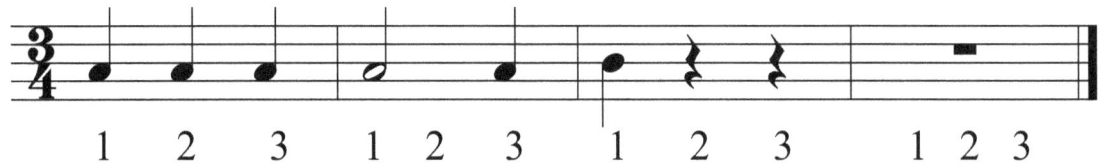

Eine ganze Pause wird für einen vollen Takt der Ruhe verwendet, auch wenn es nur 3 Schläge pro Takt gibt. Beim Notieren von Musik werden im **3/4**-Takt weder Halbe Pause noch Ganze Noten verwendet.

2/4, **3/4** und **4/4** haben alle die 4 als untere Zahl, das heißt, die Viertelnote erhält immer einen Schlag.

Die Note C

 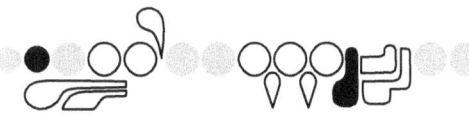 

Übe den langen Ton

Spiele C
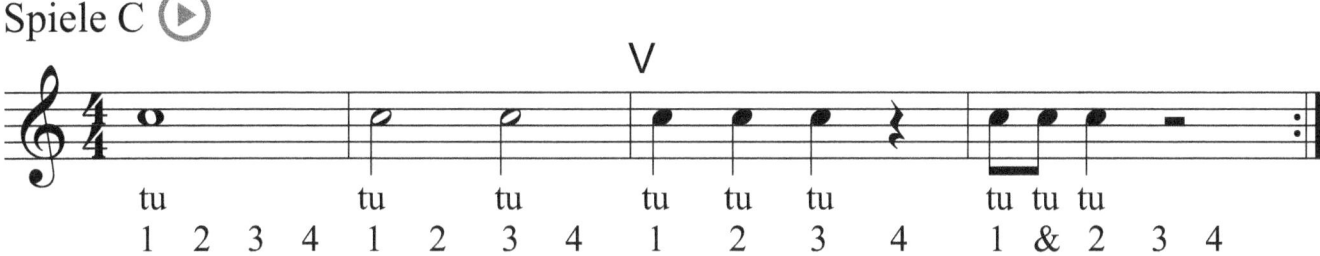

Barcarolle
Jacques Offenbach
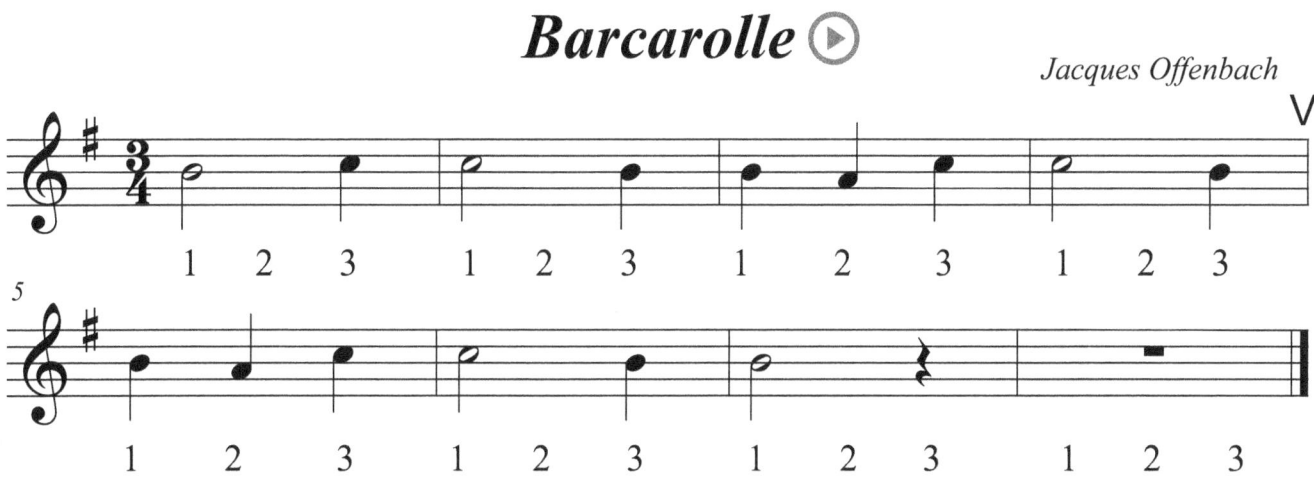

The Joke
Natalia Tolbatova

Die Note D

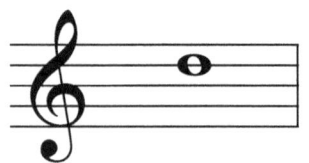 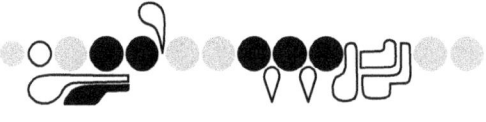 

Übe den langen Ton

Um die Noten in der zweigestrichenen und dreigestrichenen Oktave spielen zu können, muss der Spieler eine Technik namens „Oktavüberblasen" beherrschen — die Kraft des Luftstroms, der in das Ansatzloch des Flötenrohrs geblasen wird, muss etwas stärker sein als beim Spielen der vorherigen Noten. Außerdem muss die Öffnung zwischen den Lippen etwas kleiner sein.

Spiele D ▶

God Is So Good ▶

Ode an die Freude

Ludwig van Beethoven

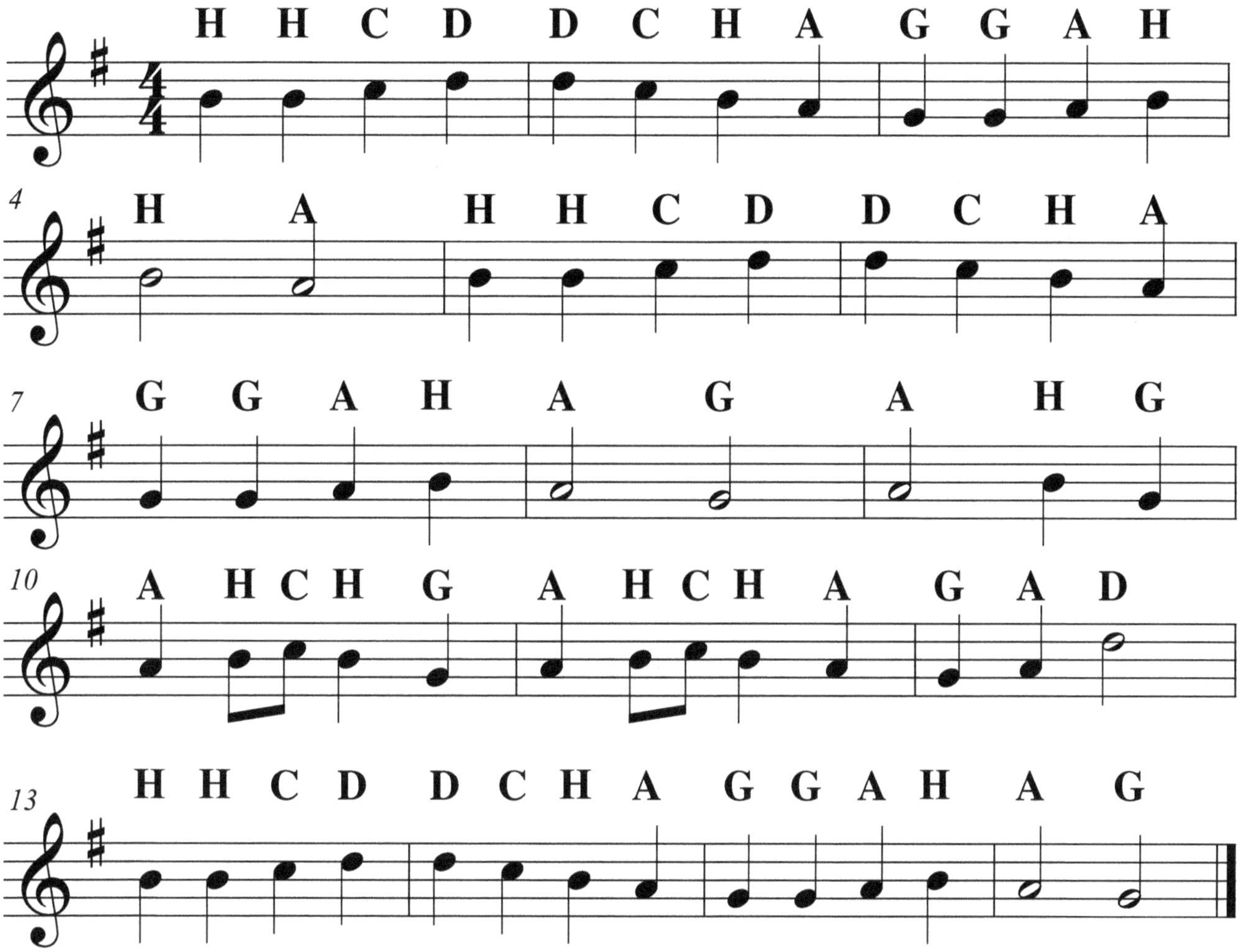

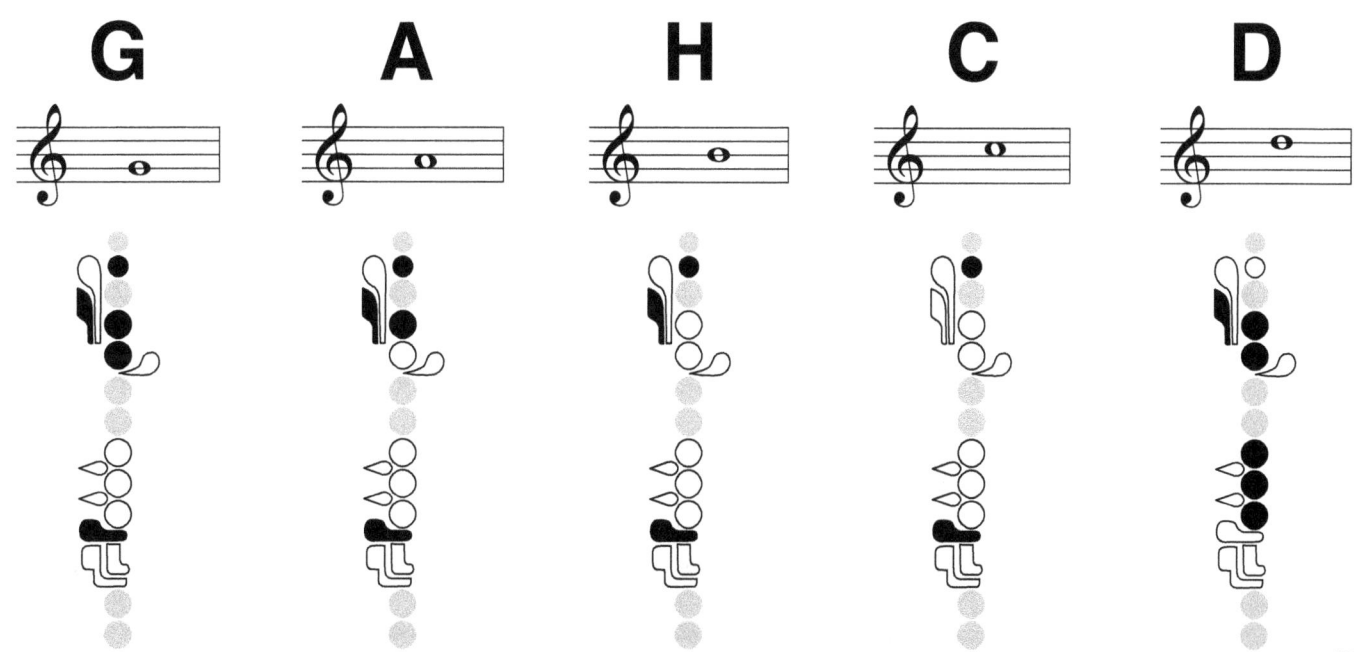

Merke

Die Note F

 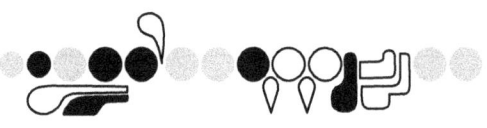 

Übe den langen Ton

Spiele F

Mary Had a Little Lamb

Sarah Josepha Hale
1866

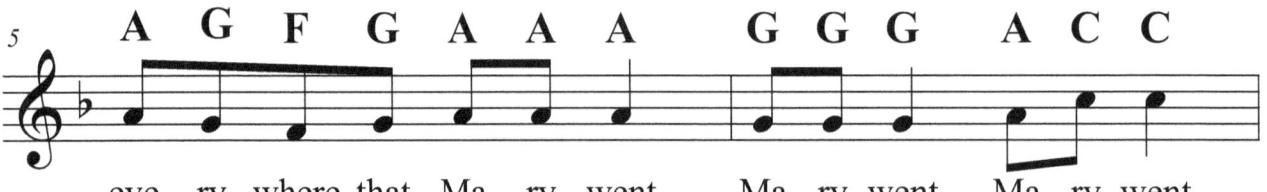

Wie man tiefere Töne spielt

1. Überprüfen Sie die Spannung der Bauchmuskeln — dies ist der Schlüssel zur richtigen Ausatmung.
2. Benutzen Sie Ihre Lippen, um den Luftstrom nach unten, also in Richtung Boden, zu lenken. Die Geschwindigkeit des Luftstroms sollte leicht reduziert werden; blasen Sie sanfter und gezielter auf den Ansatz.
3. Um einen guten Ton zu meistern, beginnen Sie mit einem höheren Ton, bei dem Sie sich wohler fühlen, und arbeiten Sie sich dann nach und nach zu dem Ton vor, den Sie lernen möchten.
4. Lernen Sie die Griffweise im Voraus kennen, damit das Drücken der Klappen leichter fällt.

Die Note E

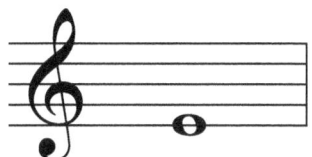
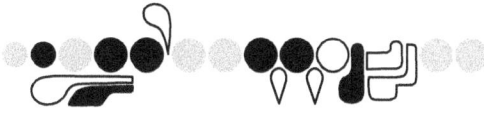

Übe den langen Ton

Lucy Locket

Die Note D

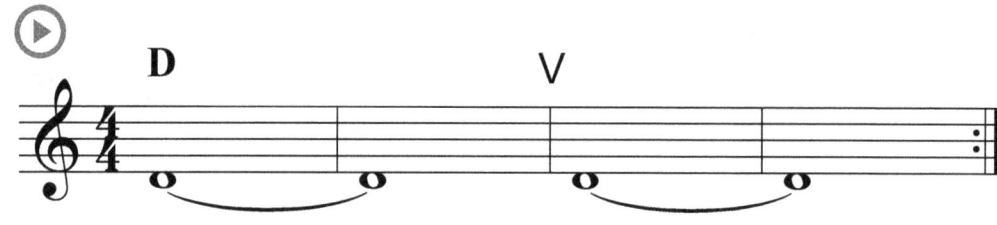

Übe den langen Ton

The Trail

Natalia Tolbatova

Die Note C

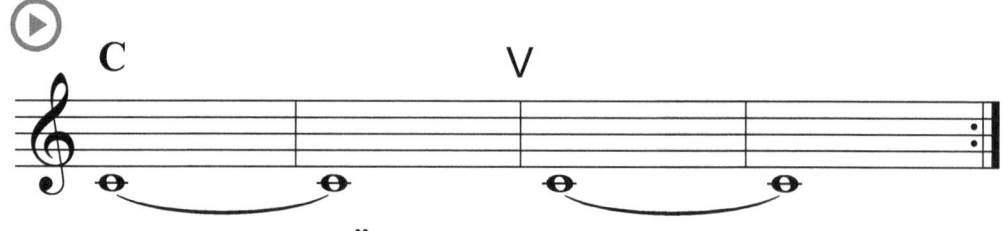

Übe den langen Ton

Little Boy
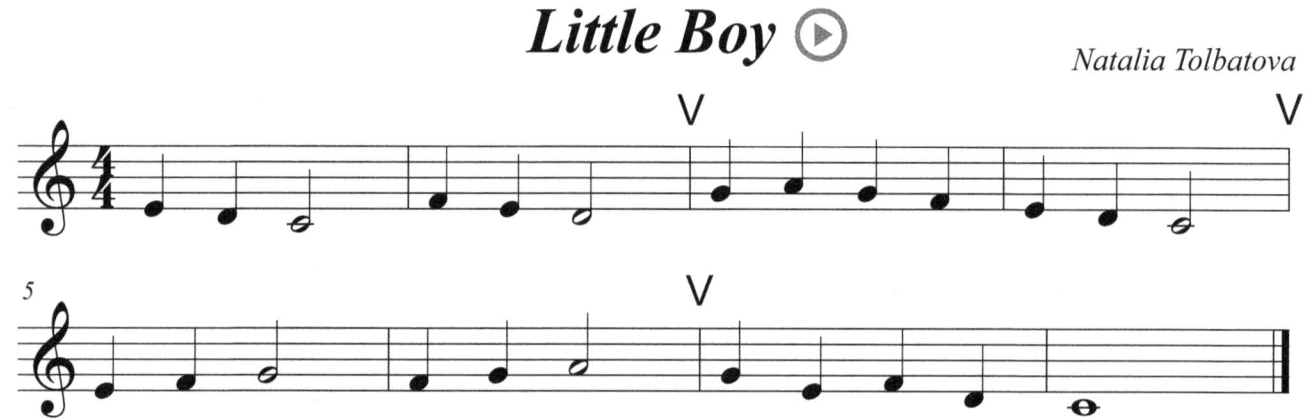
Natalia Tolbatova

C-Dur-Tonleiter

Eine Tonleiter ist eine Reihe von Noten, die in der Tonhöhe geordnet sind. Jetzt wissen Sie, wie Sie die Grundtöne spielen, und diese Reihenfolge bildet die C-Dur-Tonleiter.

Spielen Sie jede Note langsam, beginnend mit dem tiefen C.

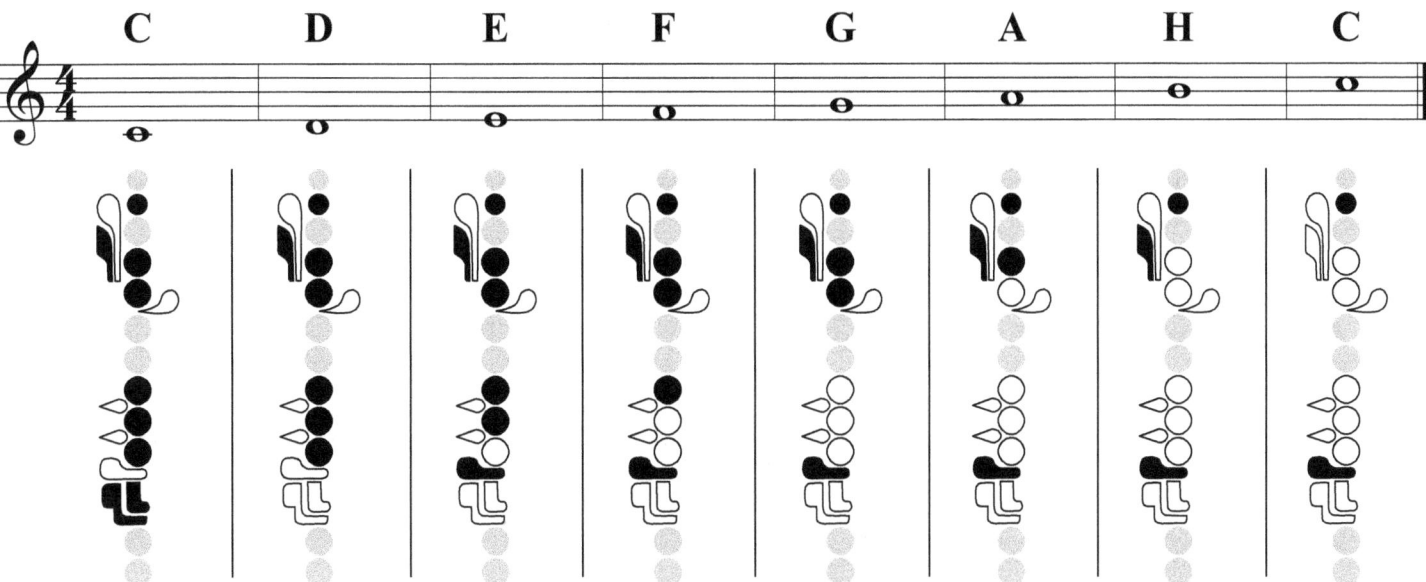

Wenn Sie immer noch Schwierigkeiten haben, die tiefen Töne der C-Dur-Tonleiter zu spielen, versuchen Sie, sie in umgekehrter Reihenfolge zu spielen.

Das Greifen dieser Noten in der zweigestrichenen Oktave (und dem dreigestrichenen C) ist das gleiche wie das Greifen der gleichen Noten in der eingestrichenen Oktave (und dem zweigestrichenen C). Sie müssen jedoch die Oktavüberblas-Technik anwenden — die Stärke des Luftstroms, der in den Flötenkanal geblasen wird, muss größer sein und die Öffnung zwischen den Lippen kleiner sein. Falls nötig, gehen Sie zu Schritt 5 zurück und sehen Sie sich das Video dieses Vorgangs erneut an.

Es gibt Dur- und Moll-Tonleitern für alle Noten. Auf Seite 115 finden Sie eine leicht zu lernende Tonleiter.

7. Kreuz, B und enharmonische Töne

Das Kreuz (♯) vor einer Note erhöht die Tonhöhe dieser Note um einen Halbton.
Das Be (♭) vor einer Note erniedrigt die Tonhöhe dieser Note um einen Halbton.
Die Note, die einen Halbton höher als D ist, ist Dis. Am Klavier ist dies die schwarze Taste unmittelbar rechts von D. Die Note, die einen Halbton tiefer als E ist, ist Es. Am Klavier ist dies die schwarze Taste unmittelbar links von E.

Aber ist das nicht derselbe Ton? Es gibt einen Begriff, um dies zu beschreiben, der als enharmonisch bezeichnet wird. Dis und Es sind enharmonische Äquivalente, da sie mit der gleichen Taste gespielt werden, aber unterschiedliche Notennamen haben.

Enharmonische Töne — zwei Töne, die gleich klingen, aber unterschiedlich geschrieben werden.

Auf der Flöte kann eine Kombination geschlossener Klappen auf zwei Arten notiert werden, als Note mit Be oder Note mit Kreuz. Hier sind die fünf Grundpaare:

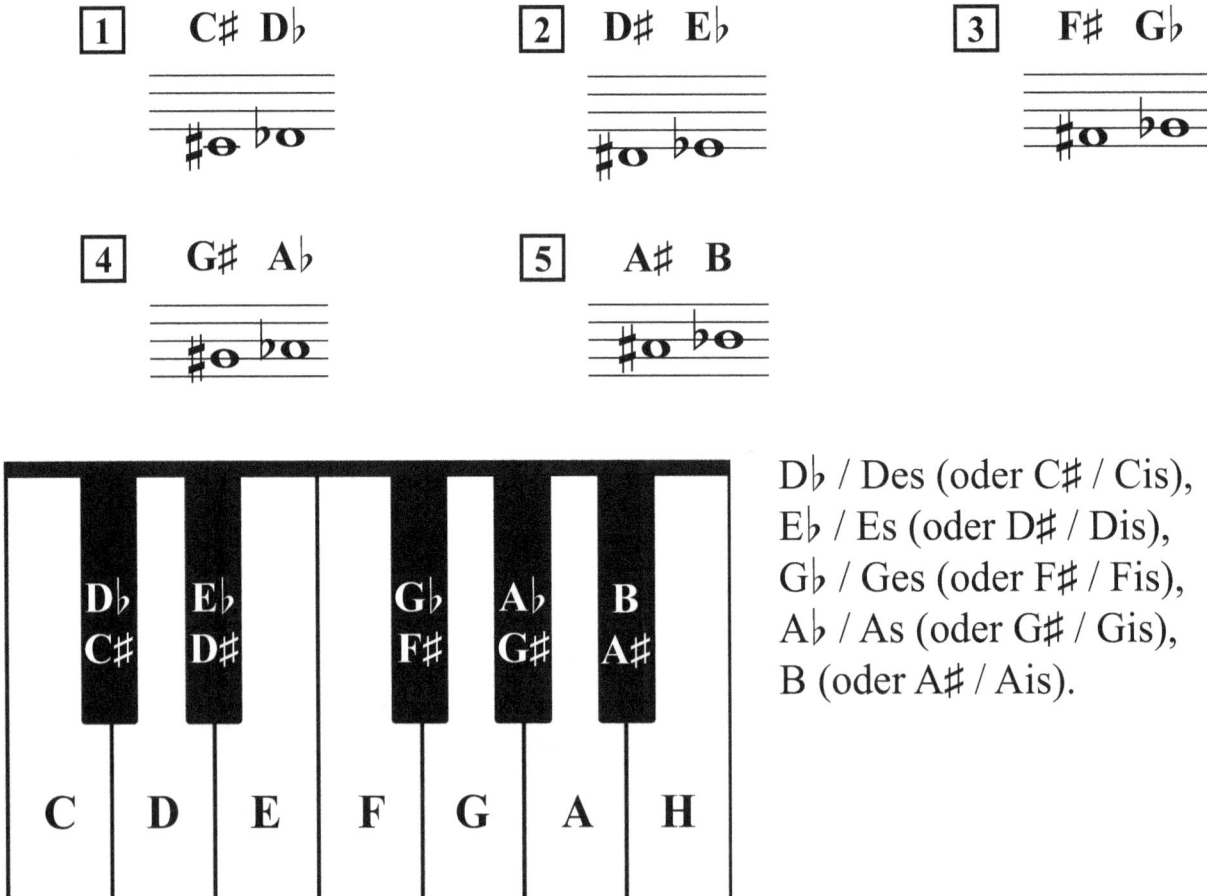

D♭ / Des (oder C♯ / Cis),
E♭ / Es (oder D♯ / Dis),
G♭ / Ges (oder F♯ / Fis),
A♭ / As (oder G♯ / Gis),
B (oder A♯ / Ais).

8. Vorzeichen

Normalerweise werden bestimmte Kreuze oder Bs im gesamten Stück verwendet. Jedes Mal diese Vorzeichen zu notieren, würde Zeit kosten und das Notenbild unübersichtlich machen. Stattdessen schreibt der Komponist sie in die Vorzeichen am Anfang jeder Notenzeile. Vorzeichen geben an, welche Noten immer erhöht (Kreuz) oder erniedrigt (B) sind. Lesen Sie immer die Kreuze oder Bs in den Vorzeichen. Vorzeichen stehen immer in der gleichen Reihenfolge.

♮ Dieses Zeichen hebt alle vorangehenden Vorzeichen (B oder Kreuze) in einem Takt auf.

Siehe auch Seite 113.

Die Note Fis (F#)

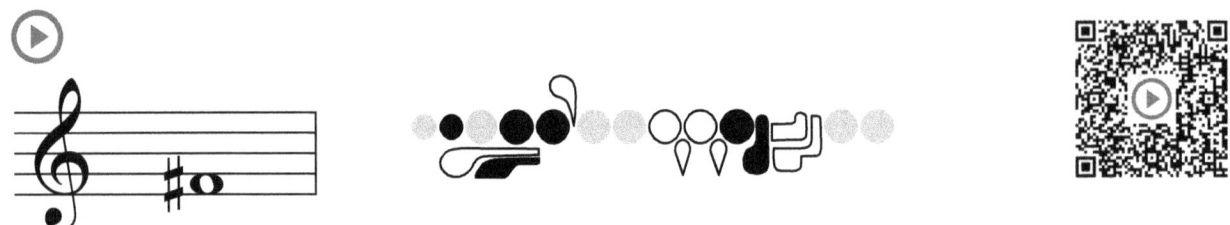

Rain, Rain, Go Away

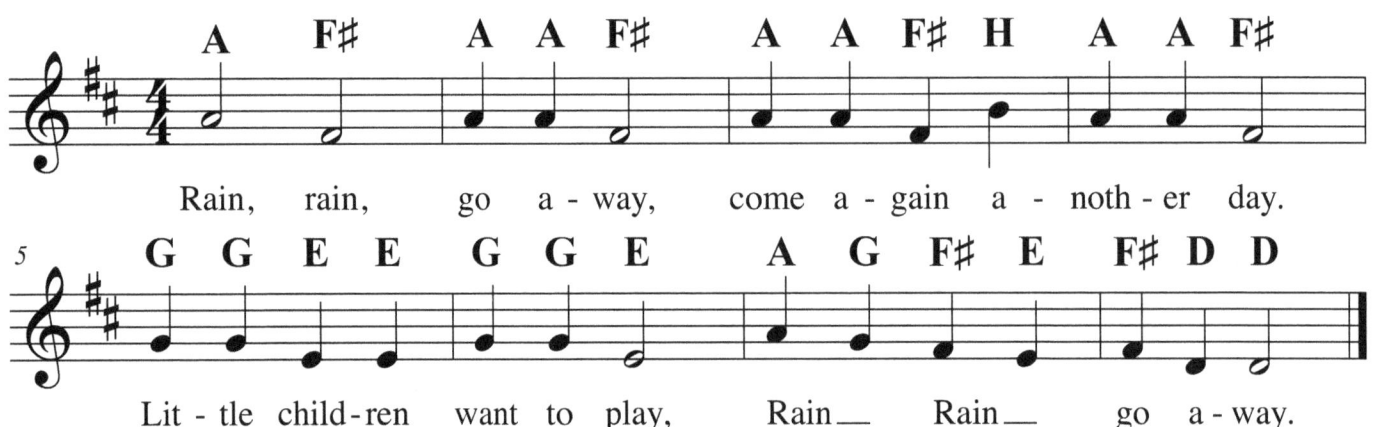

London Bridge Is Falling Down

Jede durch eine Haltebogen verbundene Note wird für ihren vollen Wert gehalten, aber nur die erste Note wird gespielt. Der Wert der verbundenen Note wird zum Wert der ersten Note addiert.

Haltebogen

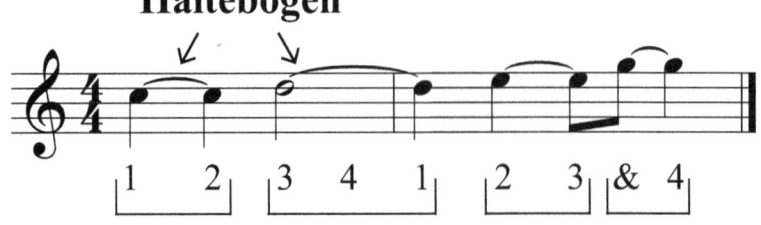

9. Artikulation

Artikulation ist die Art und Weise, wie eine Note ausgeführt wird.

Non legato — die Töne werden mit der Zunge einzeln angestoßen. Die Dauer der Note wird vollständig gehalten.

1 ▶ Spiele die G-Dur-Tonleiter. Alles mit der Zunge angestoßen.

Ein Bindebogen verbindet sanft zwei oder mehr Töne unterschiedlicher Tonhöhe durch eine gebogene Linie über oder unter den Noten. Es gibt keinen Klangabbruch zwischen den Tonhöhen. Dies nennt man auch *legato* spielen oder singen — eine sanfte Verbindung von Tönen ohne Einsatz der Zunge.

Natalia Tolbatova

Melody

A. G. Rubinstein

˙ (Zungenstopp)	Punkte über oder unter Notenköpfen bedeuten, dass die Töne staccato gespielt werden — abgesetzt. Musiker spielen eine staccato Viertelnote oft, als wäre sie eine Achtelnote gefolgt von einer Achtelpause. Kurzer Ton mit festem Ansatz und klarem Ende mit der Zunge, von italienisch „staccato" — abgerissen, getrennt.

Golden Sun

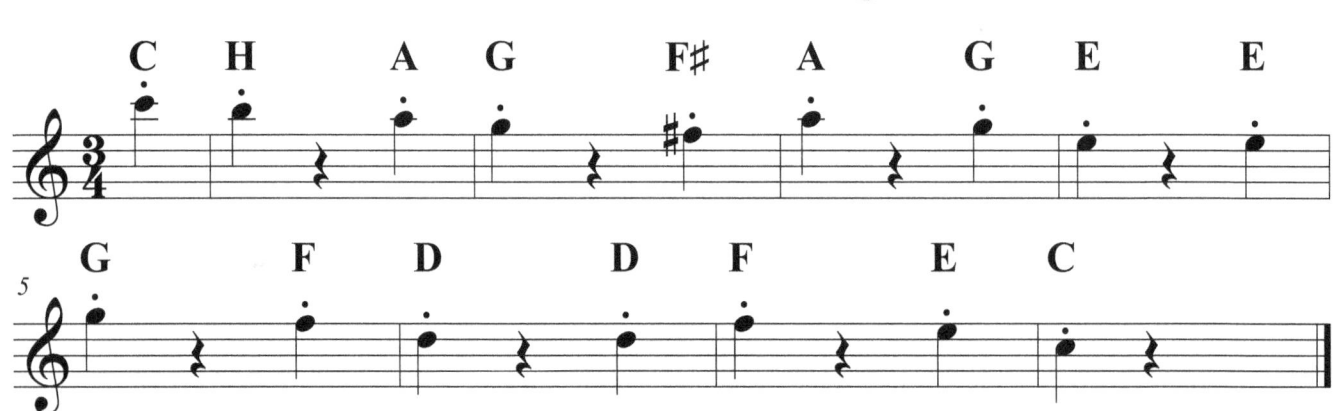

Tenuto — die Dauer der Note wird vollständig gehalten. Die Töne werden ähnlich wie *non legato,* aber etwas verbundener gespielt, wobei jeder Ton sanft mit der Zunge getrennt wird.

Für volle Dauer gehalten

 **Akzent** — betont, mit nachdrücklich festem Ansatz gespielt, die Dauer wird nicht verkürzt.

Starker Akzent, volle Notenlänge ausspielen

Little Waltz

Natalia Tolbatova

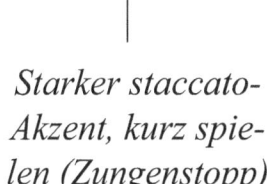 *Marcato* (betont, harter, starker Ansatz des Tons, von italienisch „marcato" — markiert). Ein schärferer, kürzerer und festerer Akzent, wie ein helles staccato.

Starker staccato-Akzent, kurz spielen (Zungenstopp)

Fermate kann über einer Note oder einer Pause stehen. Das bedeutet einfach, dass Sie die Note so lange halten, wie Sie möchten. Es ist die Idee des Komponisten, sie für eine bestimmte Zeit zu halten. Wenn Sie die Klangdauer einer Note unter der Fermate bestimmen, können Sie annehmen, dass die Note (oder Pause) um ihren ursprünglichen Wert verlängert werden soll — das heißt, sich verdoppelt. Ist es eine halbe Note, klingt sie wie eine ganze Note. Ist es eine ganze Note, klingt sie wie zwei ganze Noten, usw.

Early One Morning

Englisch Volkslied

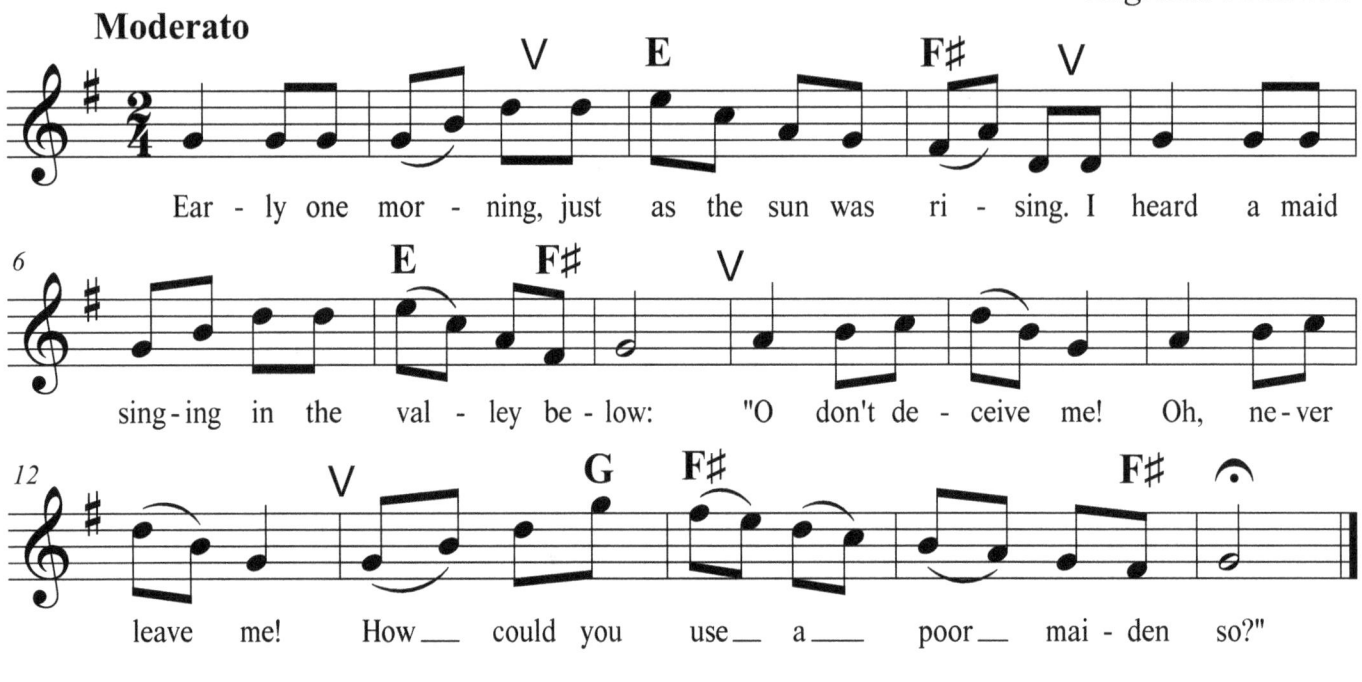

Achtelpause

Eine Achtelpause ⁊ entspricht der Hälfte des Werts einer Viertelpause 𝄽.

Zwei Achtelpausen entsprechen einer Viertelpause. ⁊ ⁊ = 𝄽
1 und

Vier Achtelpausen entsprechen einer halben Pause.
⁊ ⁊ ⁊ ⁊ =
1 und 2 und

Acht Achtelpausen entsprechen einer ganzen Pause.
⁊ ⁊ ⁊ ⁊ ⁊ ⁊ ⁊ ⁊ =
1 und 2 und 3 und 4 und

Achtelpausen **Achtelnoten**
⁊ ⁊ = ♪ ♪

Klatsche und spiele

68

Sechzehntelnote

 Eine Sechzehntelnote = 1/4 Schlag

Klatsche den Rhythmus beim Zählen

Eine Sechzehntelpause entspricht der Hälfte des Werts einer Achtelpause.

Klatsche den Rhythmus beim Zählen

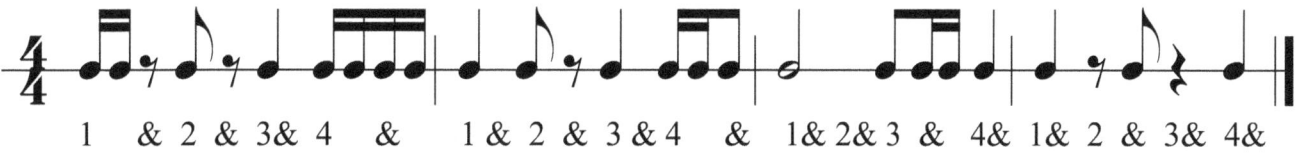

10. Punktierte Note

Ein Punkt hinter einer Note zeigt eine geänderte Notenlänge an. Der Punkt verlängert die Note um die Hälfte ihres Wertes. Eine punktierte halbe Note bekommt so 3 Schläge — der Wert einer halben Note ist 2, die Hälfte davon ist 1, also 2 + 1 = 3.

♩ + ♩ = ♩.   ♩. =   ♩ ♩ ♩
2 Schläge   1 Schlag 3 Schläge   1 2 3   1   2   3

♩ + ♪ = ♩.   ♩. =   ♪ ♪ ♪
1 Schlag 1/2 Schlag 1 und 2   1 und 2   1   und   2

♪ + ♫ = ♪.   ♪. =   ♫ ♫ ♫

Klatsche den Rhythmus und zähle dabei

1 & 2 & 3& 4 &   1& 2 & 3& 4 &   1 & 2 & 3 & 4&   1 & 2 & 3 & 4&

Punktierte Rhythmen verbinden längere punktierte Noten mit kürzeren unpunktierten Noten.

1 und 2 und 3 und 4 und   ♩. ♪ = ♩ = 1 Schlag

Klatsche den Rhythmus und zähle dabei

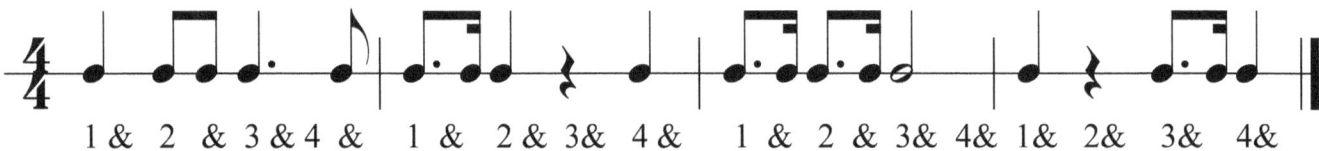

1 & 2 & 3 & 4 &   1 & 2 & 3& 4 &   1 & 2 & 3& 4&   1& 2& 3& 4&

Klatsche den Rhythmus und zähle dabei

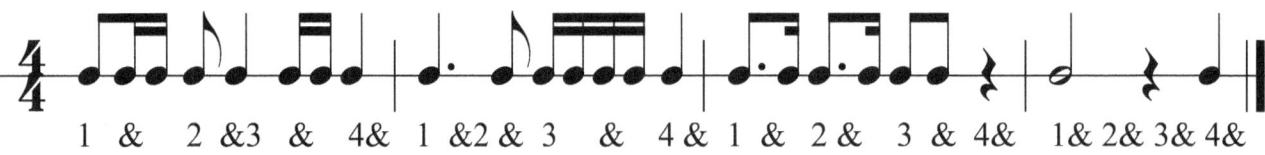

1 & 2 &3 & 4&   1 &2 & 3 & 4&   1 & 2 & 3 & 4&   1& 2& 3& 4&

11. ⁶⁄₈-Taktart

⁶⁄₈ 6 bedeutet, dass es 6 Schläge pro Takt gibt;
8 bedeutet, dass die Achtelnote einen Schlagwert zählt.

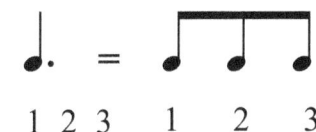

<u>Wie man im ⁶⁄₈-Takt zählt:</u>

Es gibt zwei Möglichkeiten, einen Takt in ⁶⁄₈-Takt zu zählen. Dies kann verwirrend wirken, wenn man es zum ersten Mal sieht, aber wie Sie sehen werden, ist der Unterschied nicht so groß, wie er zunächst erscheint.

Man kann es zählen als:
- 6 Achtelnoten-Schläge: 1, 2, 3, 4, 5, 6 = 1, 2, 3, 1, 2, 3
- 2 punktierte Viertelnoten-Schläge: 1… 2…

Klatsche und zähle die Schläge

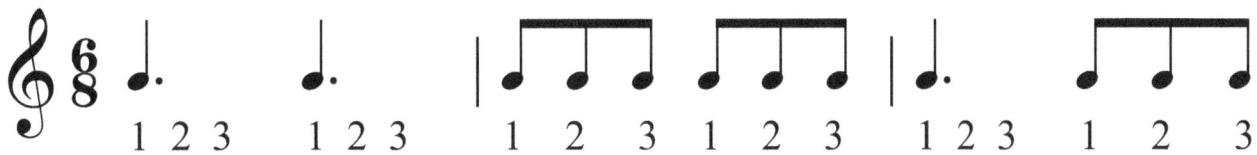

Spiele

Humpty Dumpty

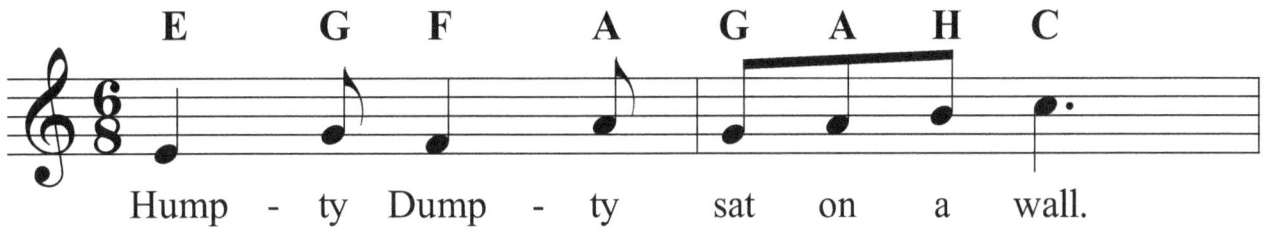

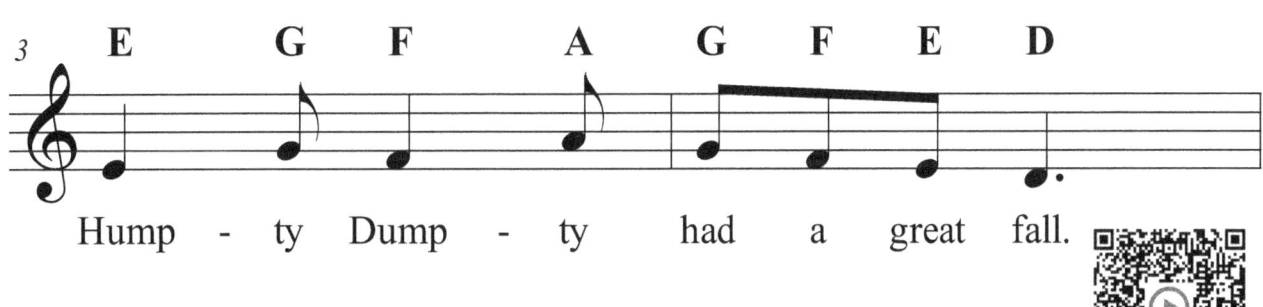

12. Taktzählung

In dieser Sammlung sind die Takte in jedem Lied nummeriert. Am Anfang jeder weiteren Notenzeile steht über dem Violinschlüssel eine Zahl, die die Nummer des Taktes angibt.

Die Nummerierung der Takte in der ersten Notenzeile wird nicht angezeigt.

Spiele

Aura Lee

Musik von George R. Poulton;
Text von W. W. Fosdick

13. Auftakt

Ein Takt ist eine Einheit der Musik. Es ist der Raum (Bereich der Musik) zwischen zwei Taktstrichen. Die Taktart (die beiden Zahlen am Anfang der Melodie) gibt an, wie viele Schläge ein Takt enthält.

Ein erster Takt wird als Auftakt bezeichnet, wenn er nicht die volle Anzahl von Schlägen enthält, die in der Taktart angegeben ist.

Die Noten im ersten unvollständigen Takt (der Teil der Zählzeiten, der am Anfang der Musik steht) werden als Anacrusis, Pick-up oder Upbeat bezeichnet.

In diesem Fall wird also ein vollständiger Takt zwischen dem Anfang und dem Ende eines Stückes aufgeteilt.

Ein Teil des Taktes befindet sich am Anfang der Musik. Der verbleibende Teil des Taktes befindet sich am Ende der Musik.

Die beiden „Teile" müssen sich zu einem vollständigen (ganzen) Takt summieren.

A-Tisket, A-Tasket

Wenn eine Melodie mit einem Auftakt beginnt, beginnt sie nicht mit Schlag 1!

Zählzeit 1 ist die erste Zählzeit des ersten vollständigen Taktes. Sie ist nicht unbedingt die erste Zählzeit der Melodie.

Was ist also die erste Zählzeit eines Auftakts? Um das herauszufinden, muss man bis zum letzten Takt gehen!

 = 3 Schläge pro Takt

Happy Birthday to You

Der Anfang des letzten Takts wird als Schlag 1 gezählt. Beginnen Sie also, dort zu zählen, und wenn Ihnen die Schläge ausgehen, kehren Sie zum Anfang zurück und beenden Sie das Zählen.

Der letzte Takt beginnt mit Zählzeit 1. Fangen Sie an, dort zu zählen, und wenn es keine Noten mehr gibt, unter denen Sie Zählzeiten eintragen können, müssen Sie zum Anfang zurückgehen und zu Ende zählen.

Warum benutzt man einen Auftakt? Ganz einfach: Es geht um den Schlag und die Betonung. Versuchen Sie, „Happy Birthday" zu singen, aber beginnen Sie es mit einer starken Betonung (starker Schlag) anstelle eines schwachen Auftakts (schwacher Puls). Es klingt einfach nicht richtig, oder?

Der wichtige Hinweis ist: Takt 1 ist der erste Takt, der die Zählzeit 1 hat! Der erste Takt ist möglicherweise nicht Takt 1. Wenn es zu Beginn dieses Takts keine Zählzeit 1 gibt, dann ist es ein Auftakt.

Der Auftakt, Upbeat oder der erste unvollständige Takt hat keine Taktzahl. Er wird beim Zählen der Takte als Teil des letzten Taktes (des letzten unvollständigen Takts) angesehen.

Obwohl es so aussieht, als hätte diese Melodie 9 Takte, sind es tatsächlich nur 8 vollständige Takte.

14. Triolen

Noten teilen sich normalerweise in zwei oder vier gleiche Teile.

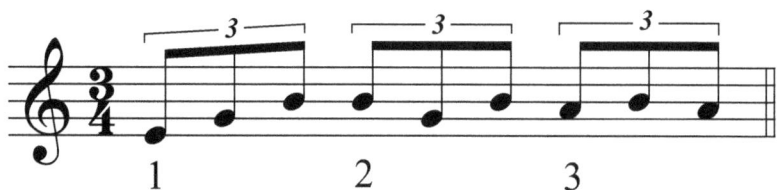

Triolen können benutzt werden, um eine Note in drei gleiche Teile zu teilen. Triolen werden als drei Noten in eckigen Klammern mit der Zahl 3 notiert.

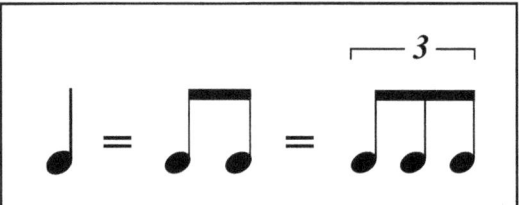

Wedding March

Felix Mendelssohn

Erste und zweite Endung

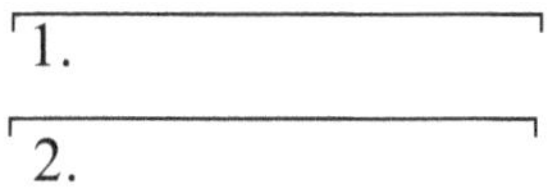

Eine wiederholte Stelle ist beim zweiten Mal mit einer anderen Endung zu spielen.

Spielen Sie von Takt 1–6, dann das erste Ende (Takt 7–8). Da Wiederholungszeichen gesetzt sind, gehen Sie zurück zum Anfang und spielen Takt 1–6, dann das zweite Ende (Takt 9–10).

Jingle Bells

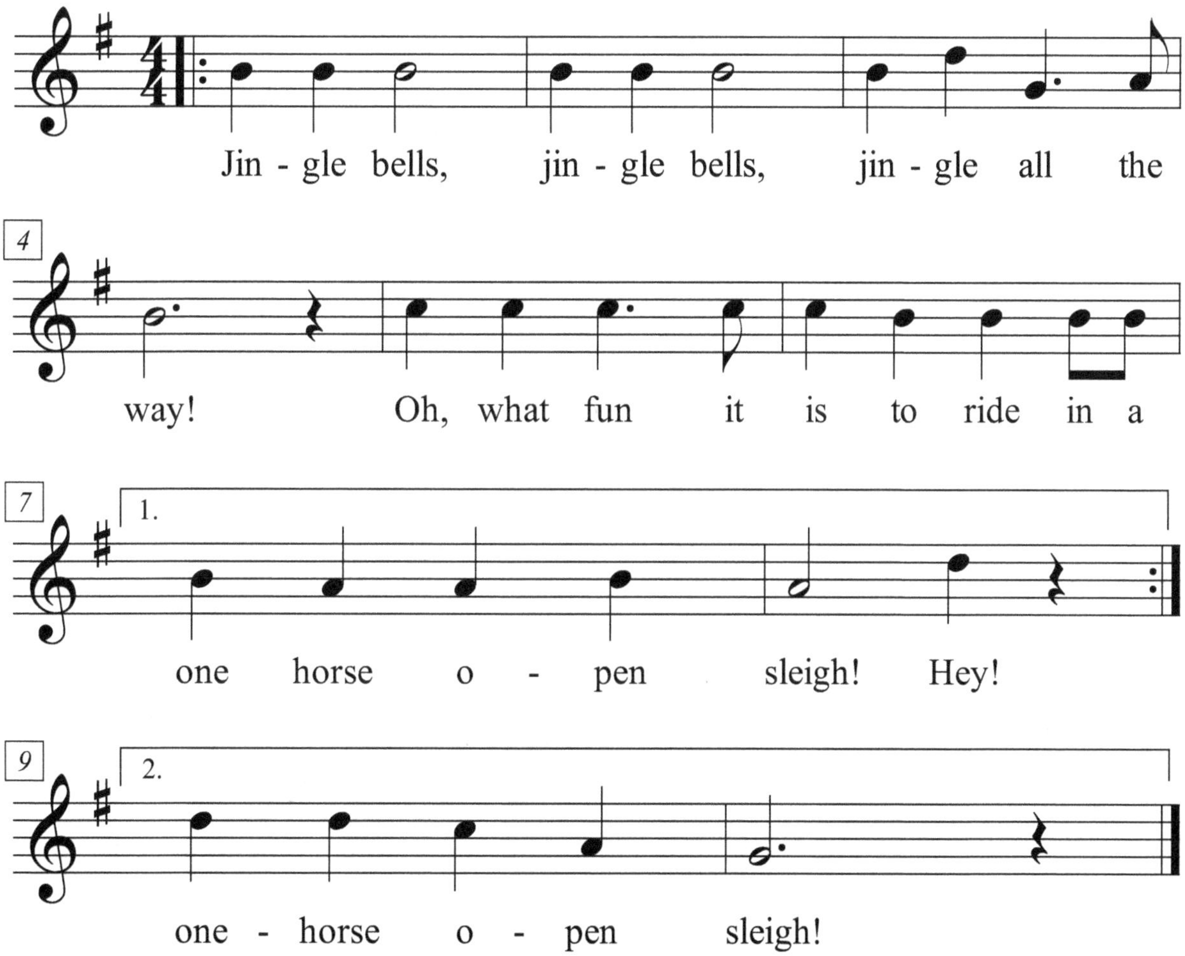

Die Note B

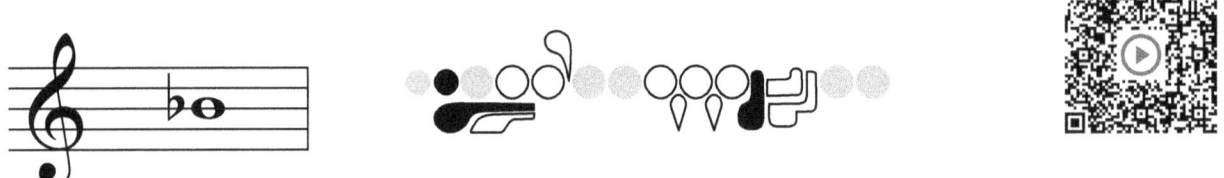

Diese Übungen sind dazu gedacht, Artikulation zu üben — sie kombinieren sowohl Zungenstoß als auch Legatospiel (Bindebogen):

1

2

3

4

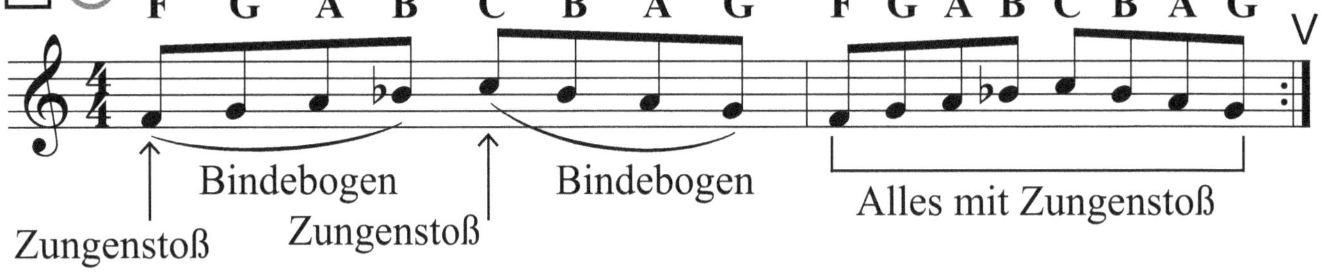

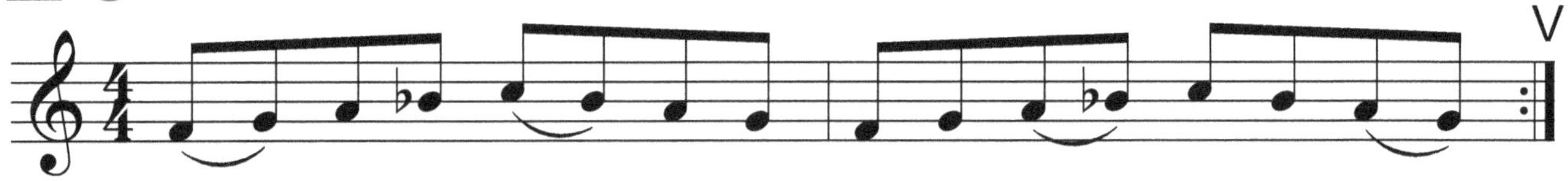

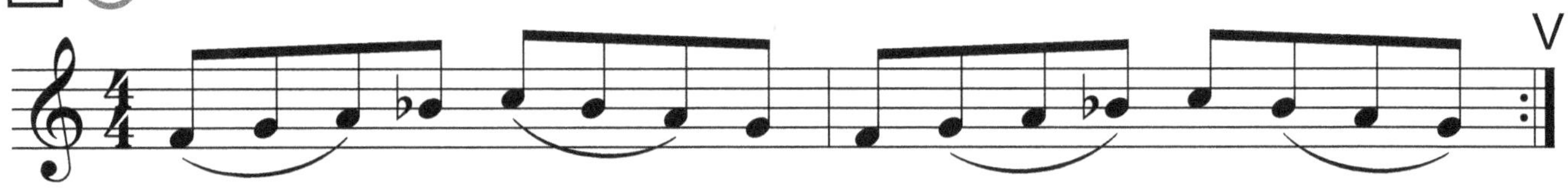

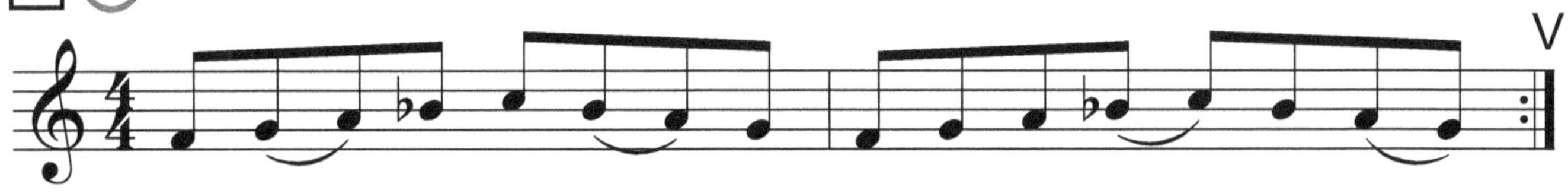

Finlandia

Jean Sibelius

Andante

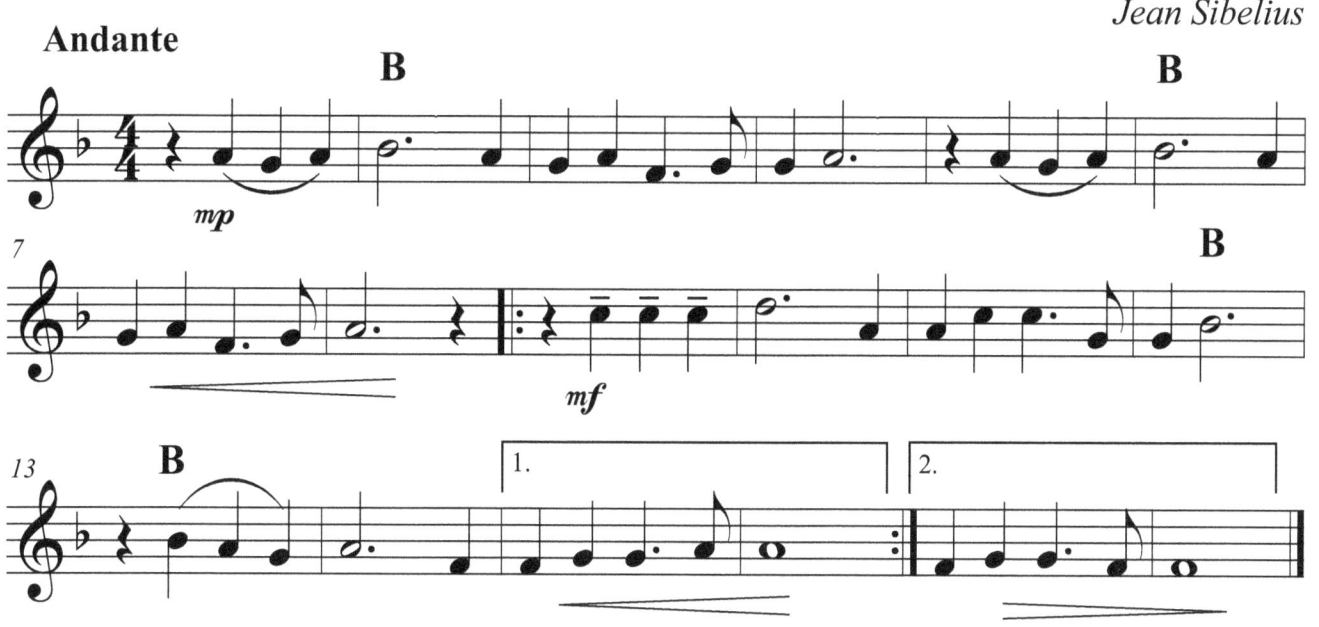

Tiger Rag

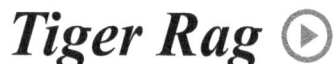

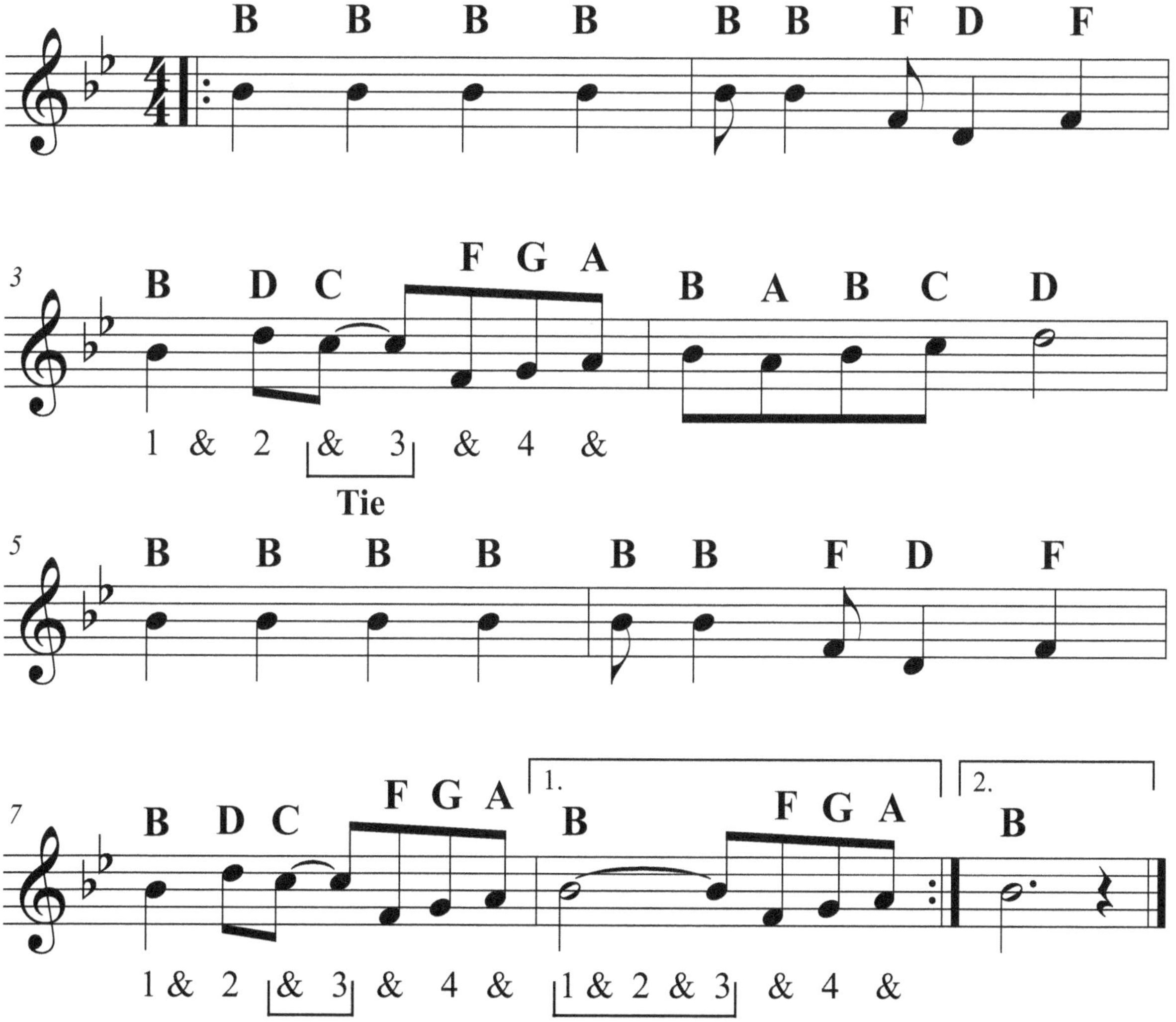

15. 8va in der Musik

Das Zeichen 8va − − − wird zur Vereinfachung des Lesens von Noten verwendet. Es bedeutet, dass die abgebildeten Noten genau so gespielt werden wie geschrieben, aber entweder eine Oktave höher oder tiefer (eine Oktave = 8 Töne). Das 8va-Zeichen macht es für Komponisten einfacher, sehr hohe oder tiefe Noten lesbar aufzuschreiben.

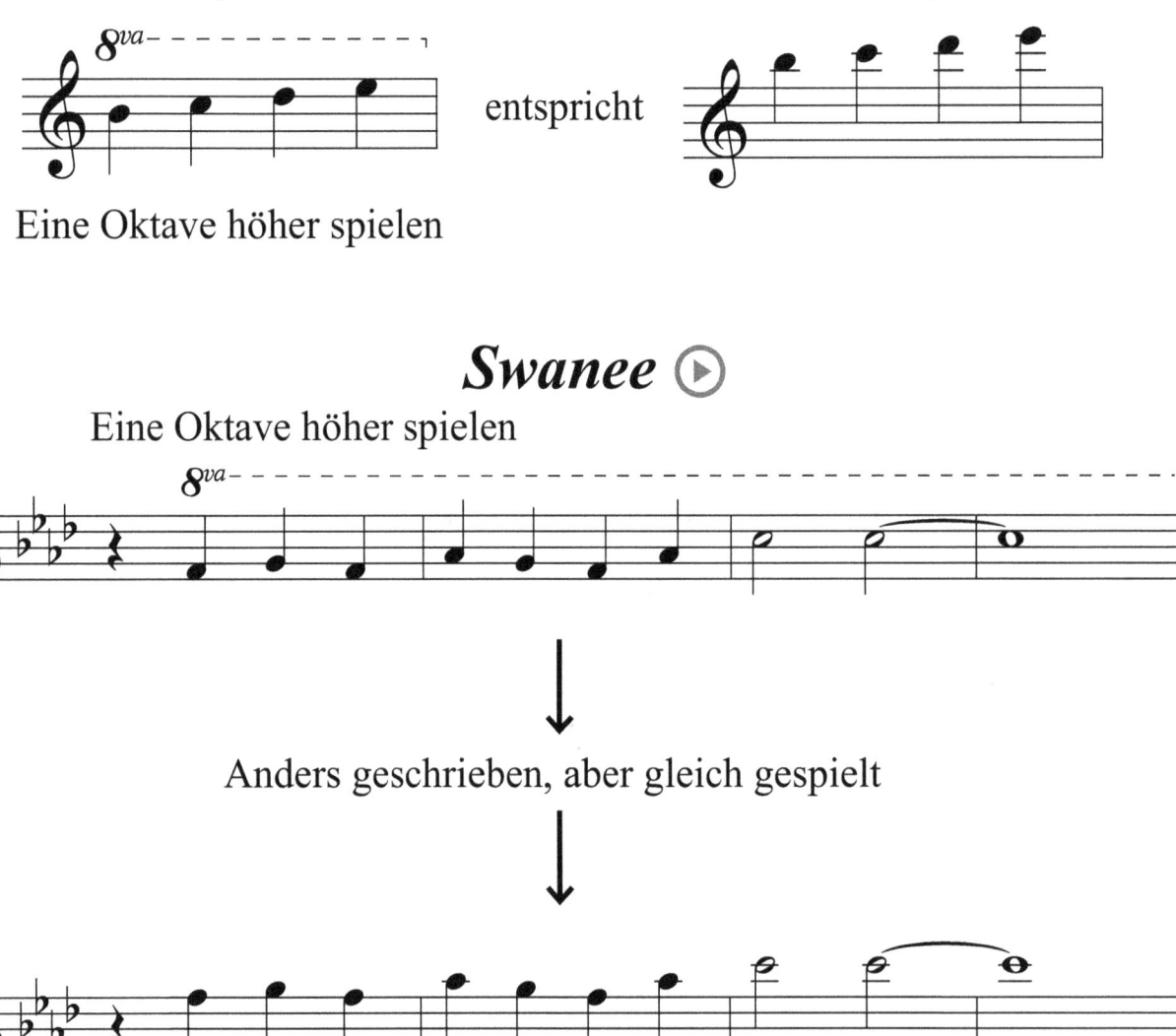

16. Tempo

Tempo ist ein Wort, das „Geschwindigkeit" bedeutet, d. h. wie schnell oder langsam die Musik gespielt wird.

Sie müssen lernen, ein Musikstück in verschiedenen Tempi zu spielen. Um Ihr Instrument wirklich zu beherrschen, müssen Sie sowohl bei sehr schnellen als auch bei langsamen Geschwindigkeiten überzeugend spielen können. Normalerweise üben Musiker das Spielen in verschiedenen Tempi, und ein Gerät wie ein Metronom hilft ihnen dabei.

Ein Metronom ist ein Gerät, das in regelmäßigen Zeitabständen klickt. Mechanische Metronome haben ein Pendel, das hin und her schwingt. Sie können aber auch ein elektronisches Metronom, oder sogar eine Metronom-App auf Ihrem Handy benutzen. Wenn Sie ein E-Piano spielen, gibt es meistens eine Funktion „Metronom".

Zum Beispiel entspricht ein Klick einer Viertelnote. Im 4/4-Takt (dem gebräuchlichsten Taktmaß) entspricht jeder Metronomschlag einer Viertelnote und vier Klicks ergeben einen ganzen Takt.

Wenn über den Noten steht, dass 1 Viertel gleich 60 ist, sollte das Metronom 60 Schläge pro Minute machen, d. h. ein Schlag ist synchron mit einer Sekunde. In diesem Fall ist 1 Schlag des Metronoms eine Viertelnote.

♩ = 60

Sie können eine andere Dauer für 1 Taktschlag des Metronoms wählen. Manchmal wird es bevorzugt, dass Metronomklicks eine Achtelnote, eine punktierte Viertelnote oder eine halbe Note darstellen.

♩. = 50   𝅗𝅥. = 60

1 Metronomschlag entspricht ♩.   1 Metronomschlag entspricht 𝅗𝅥.
50 Schlägen pro Minute   60 Schlägen pro Minute

Normalerweise wird jedoch eine Viertelnote (1 Metronomschlag) angegeben. Es ist praktischer, wenn das Tempo nicht sehr schnell ist. Oft wird es auf ♩ = 90, 120, 140 Schläge pro Minute eingestellt, aber Sie können das Tempo so wählen, wie es Ihnen passt. Ein Metronom kann Ihnen helfen, ein gleichmäßiges Tempo zu halten, damit Sie nicht versehentlich schneller oder langsamer werden.

Italienische Tempomarkierungen

Italienisch	Deutsch	Schläge pro Minute
Presto	Sehr schnell	168-208
Allegro	Schnell	120-168
Moderato	Mäßige Geschwindigkeit	108-120
Andante	Mäßige Gehgeschwindigkeit	76-108
Adagio	Langsam (entspannt)	66-76
Largo	Langsam und feierlich	40-66

17. Dynamik

Dynamik in der Musik beschreibt, wie laut oder leise Musik gespielt wird. Da die ersten Musiker, die Musik notieren wollten, Italiener waren, verwendet man heute noch viele italienische Begriffe und Schreibweisen in der Musik. Schauen Sie sich Musiknoten an — Sie werden viele italienische Fachausdrücke entdecken.

Liste der Dynamiken

Symbol	Italienisch	Deutsch
ppp	pianississimo	Sehr, sehr weich
pp	pianissimo	Sehr weich
p	piano	Weich
mp	mezzo piano	Mäßig leise
mf	mezzo forte	Mäßig laut
f	forte	Laut
ff	fortissimo	Sehr laut
fff	fortississimo	Sehr, sehr laut
<	crescendo	Allmählich lauter werden
>	diminuendo	Allmählich leiser werden
♩̣	accent	Viel lauter spielen
sfz	sforzando	Eine Note besonders betonen

Der Charakter des Tons

Die Flöte besitzt einen sehr schönen, faszinierenden Klang, der von weich und samtig bis lebhaft oder sogar scharf reichen kann. Je nach Musikstil variiert auch der Klang des Instruments. Zum Beispiel verlangt klassische Musik einen sanfteren, wärmeren Ton. Moderne, Pop- oder Jazzmusik benötigt einen kühleren Ton mit mehr Kraft. Für den Klangcharakter der Flöte spielt die Art, wie die Luft in das Instrument geblasen wird, eine wichtige Rolle. Natürlich beeinflussen auch die Spielweise, Artikulation und die Klangproduktion den Ton maßgeblich. Es gibt viele Möglichkeiten, denselben Ton zu spielen (weicher oder scharfer Einsatz, Steigerung oder Verminderung der Lautstärke, kurzer oder langer Ton, hinzugefügte Verzierungen).

Eine bedeutende Rolle bei der Gestaltung des Flötentons spielen die Vorstellungen des Spielers darüber, wie das Instrument klingen soll. Um diese Fähigkeit zu entwickeln, sollten Sie berühmten Flötisten zuhören und einen Spielstil wählen, der Ihnen gefällt, sodass Sie Ihren eigenen Stil entwickeln können, denn jeder Mensch hat eine ganz eigene Klangvorstellung. Suchen Sie deshalb ständig nach Ihrem eigenen Ton — nach dem Ton, der sich von anderen Spielern abhebt. Das Traurigste ist, wenn jemand mit einem schwachen, leeren Ton spielt. Es kommt sehr oft vor, dass ein Künstler nur eine Tonfarbe nutzt, z. B. ein Sänger, der in einem traurigen, stillen, gleichgültigen Ton singt. Der Klang der Flöte wird oft mit Koloratur-Sopran oder Vogelgesang verglichen, wegen ihrer Intonationsmerkmale und des ausdrucksvollen Vibratos. Die Intonation in Rede und Musik ist ein sehr wichtiges ausdrucksstarkes Mittel, mit dem der Autor und Spieler die Hauptidee des Stückes zum Zuhörer bringen kann.

Warum ist es gut zu singen?

Singen Sie so oft wie möglich Ihre Lieblingslieder. Singen Sie mit verschiedenen Silben (tah, tu, ti, bi, etc.), egal was Sie auf der Flöte spielen — auch wenn das Stück keine Worte hat. Deshalb enthält dieses Buch so viele Lieder mit und ohne Worte. Die Melodie ist singbar, und Sie können die logische Struktur und Bewegung der Musik leicht spüren. Je mehr und freier Sie singen, desto natürlicher und klangvoller wird das Instrument klingen. Die Flöte ist die Verlängerung Ihrer Stimme, wobei Ihr Atem und Ihre Zunge führen, und die Finger Ihre Stimmbänder ersetzen.

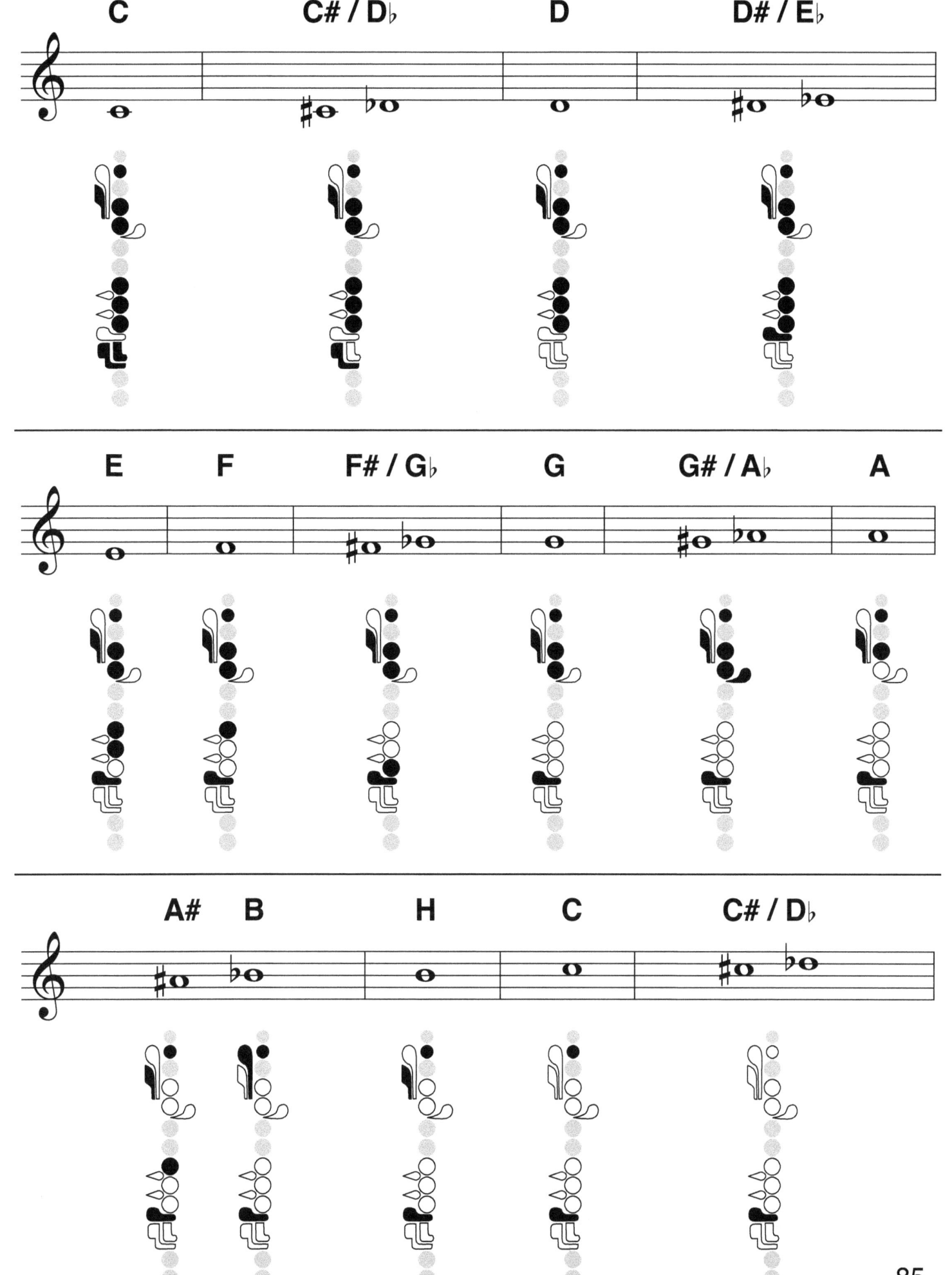

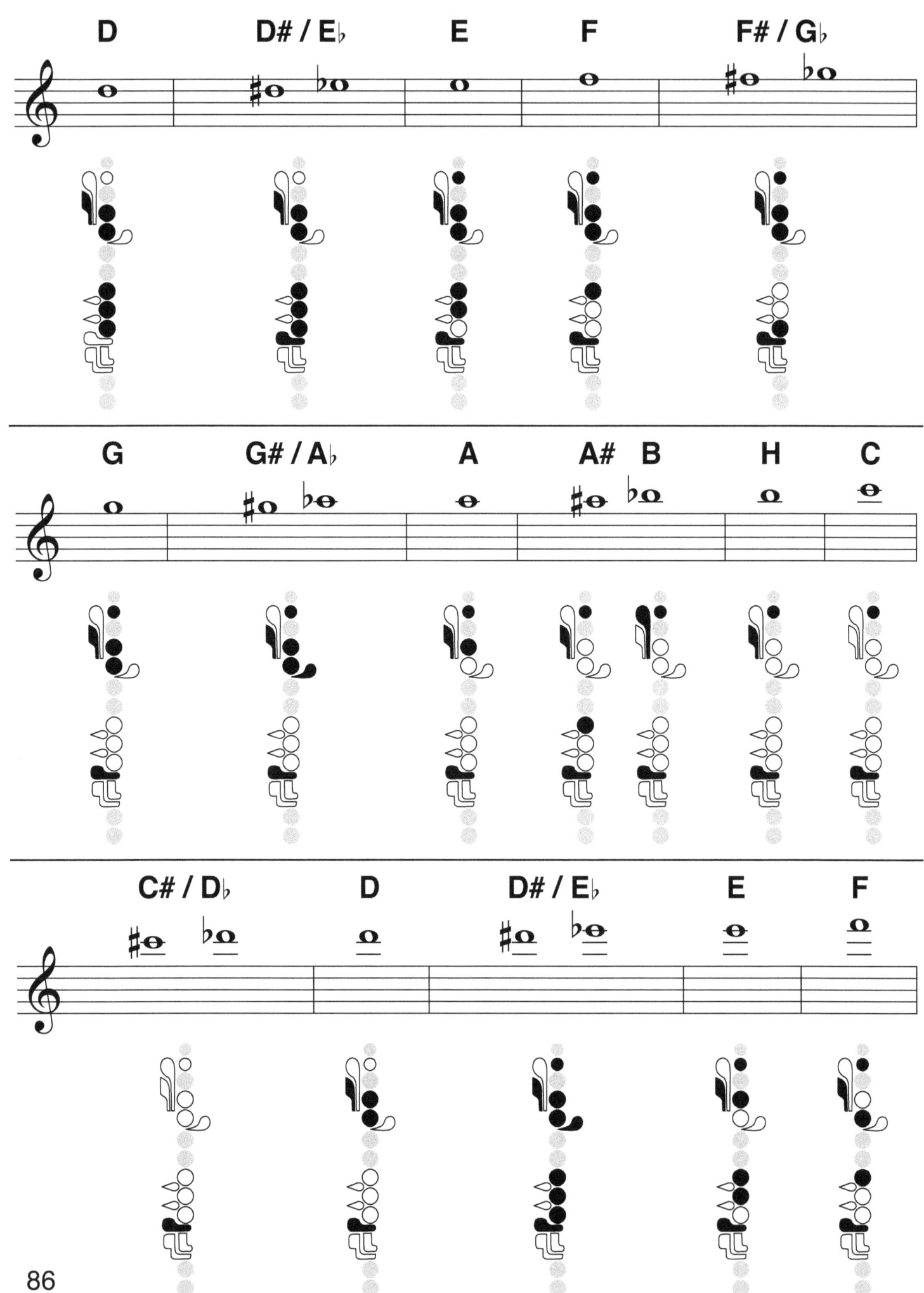

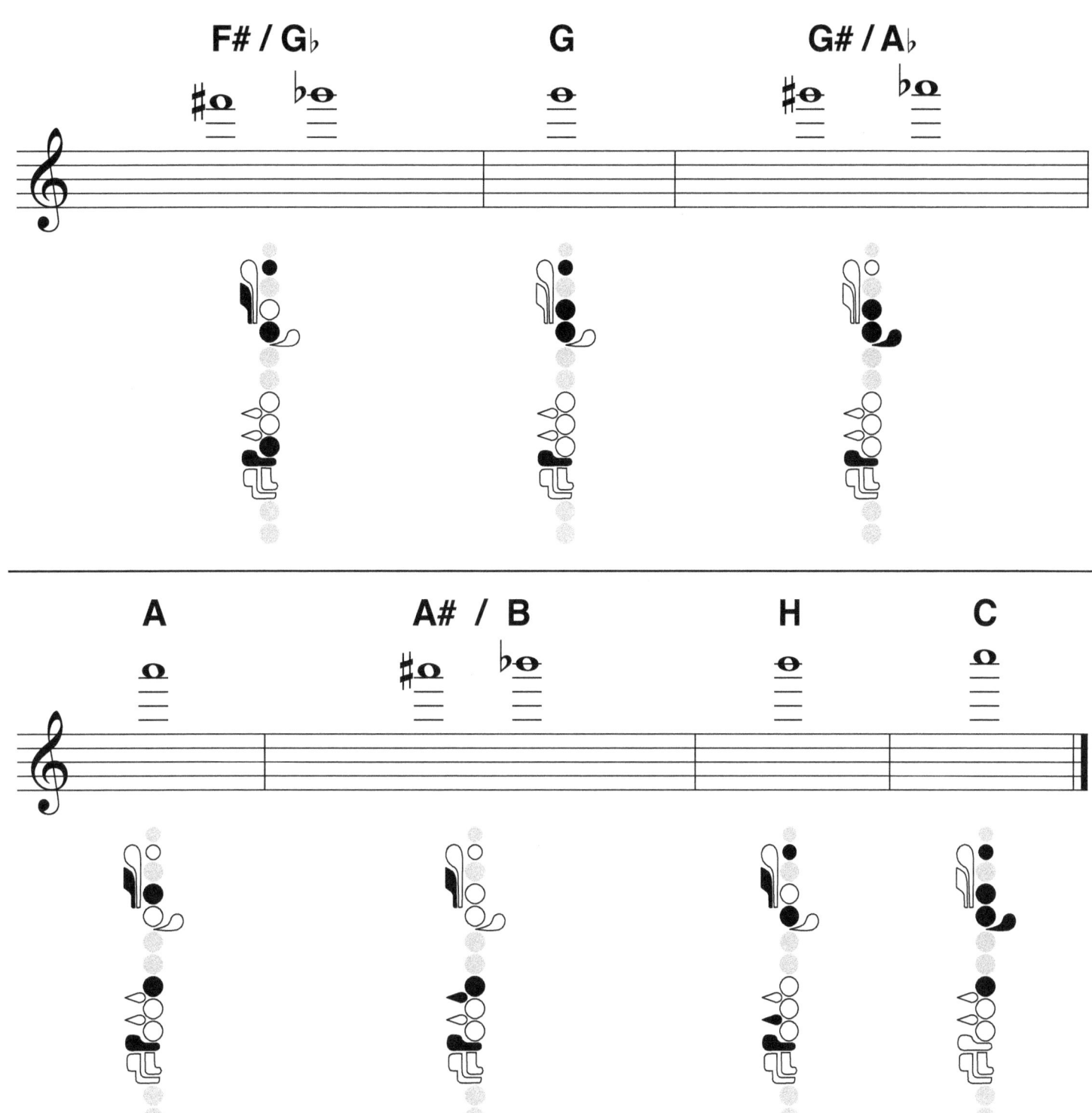

Sie können die PDF-Datei *(Grifftabelle)* direkt herunterladen unter:
cutt.ly/ktn49QXX
oder den QR-Code scannen:

Teil 3

*Schauen Sie sich den Titel des Stücks an.
Die Seitenzahlen im Dateinamen stimmen möglicherweise nicht überein.

Für Fragen, Kommentare oder Anregungen schreiben Sie uns bitte an:
avgustaudartseva@gmail.com

Scarborough Fair

Traditionell

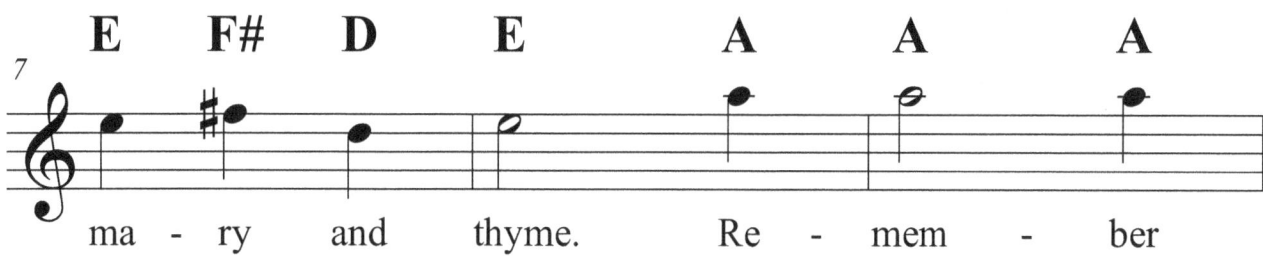
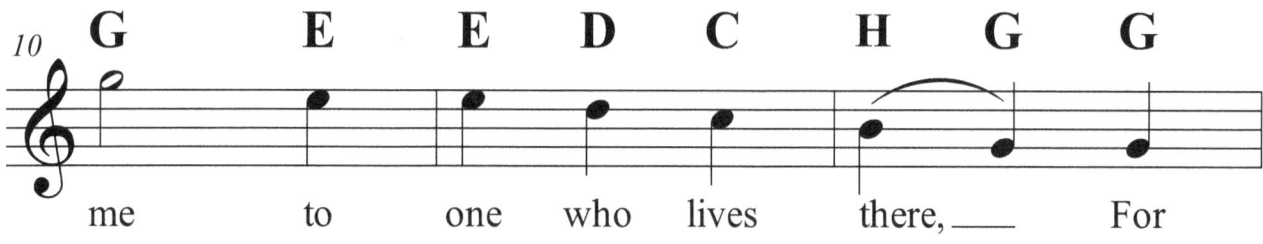

Red River Valley

Traditionell

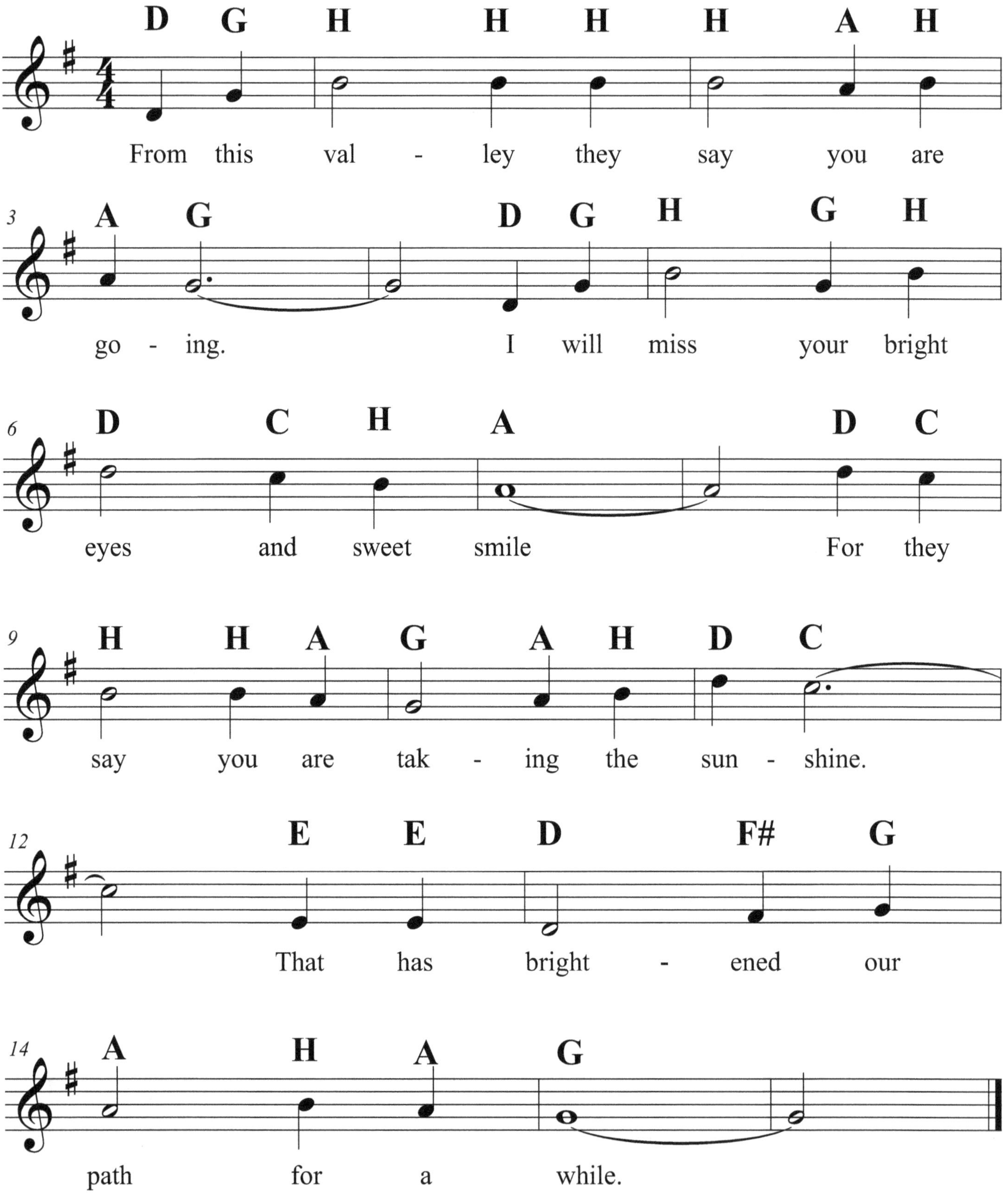
D G H H H H A H
From this val - ley they say you are
3
A G D G H G H
go - ing. I will miss your bright
6
D C H A D C
eyes and sweet smile For they
9
H H A G A H D C
say you are tak - ing the sun - shine.
12
E E D F# G
That has bright - ened our
14
A H A G
path for a while.

Scarborough Fair

Traditionell

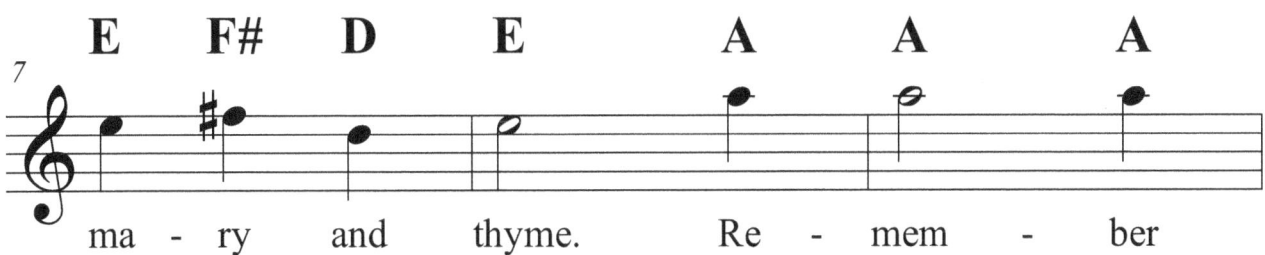
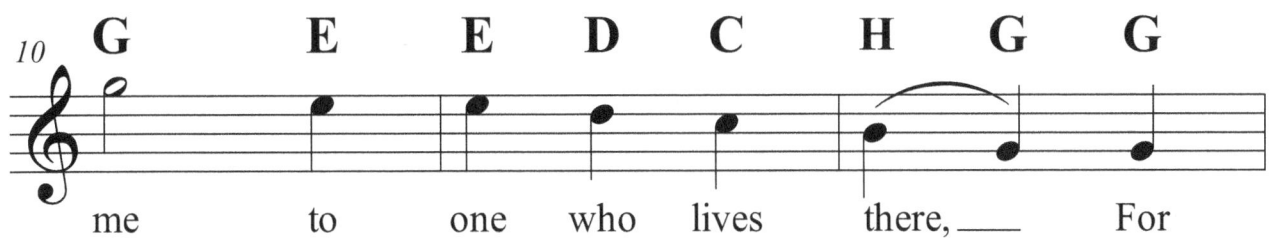

Red River Valley

Traditionell

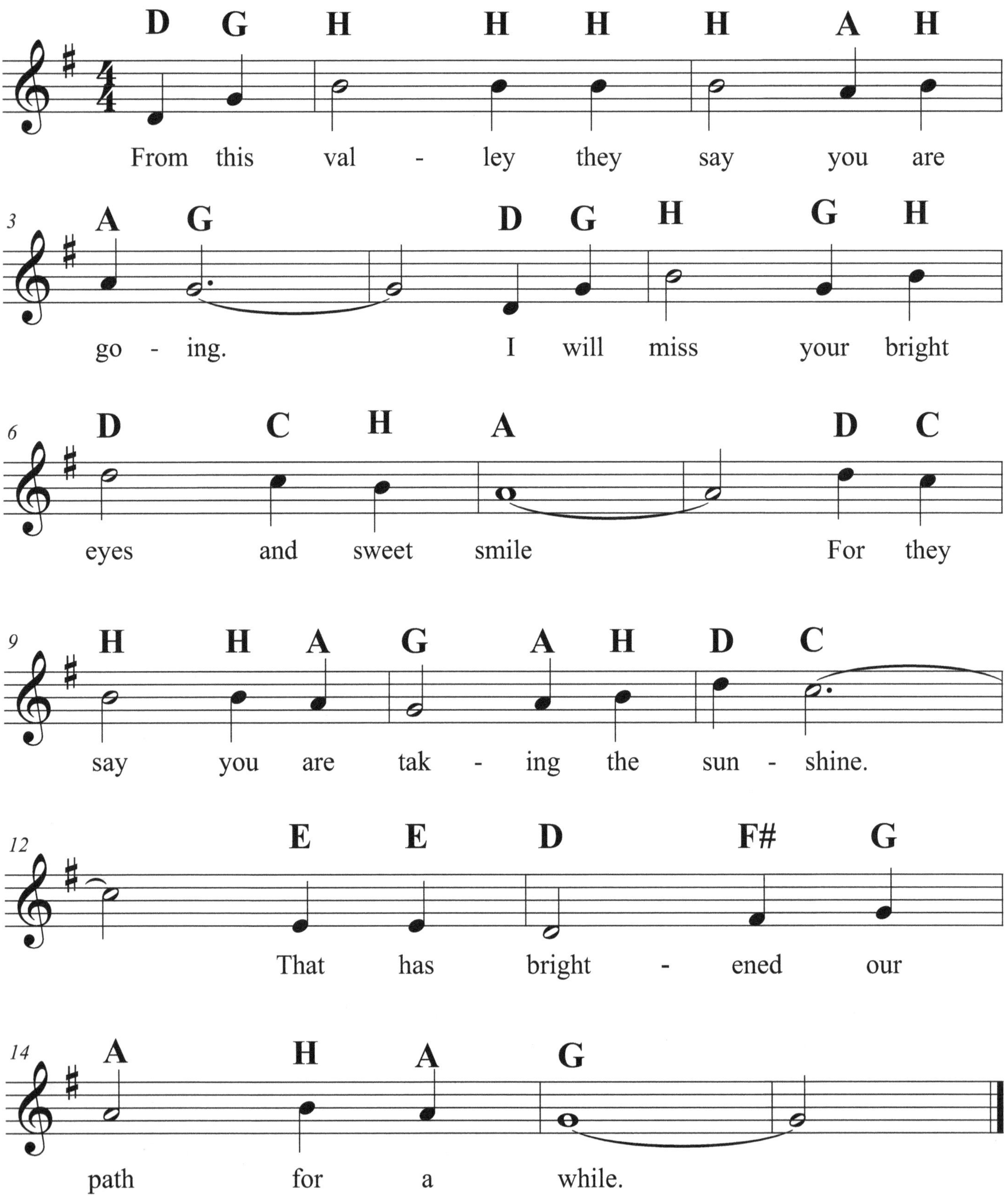
D G H H H H A H
From this val - ley they say you are
3
A G D G H G H
go - ing. I will miss your bright
6
D C H A D C
eyes and sweet smile For they
9
H H A G A H D C
say you are tak - ing the sun - shine.
12
E E D F# G
That has bright - ened our
14
A H A G
path for a while.

Believe Me, If All Those Endearing Young Charms

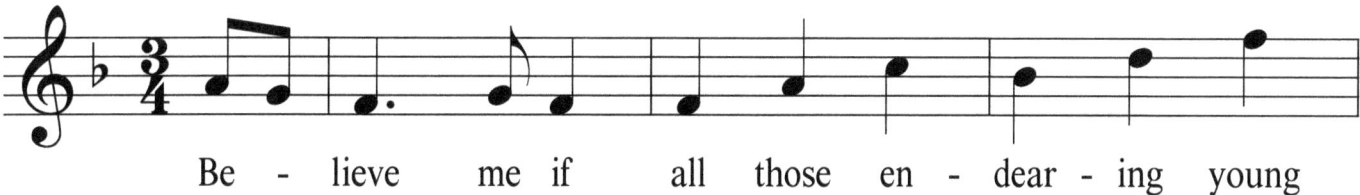
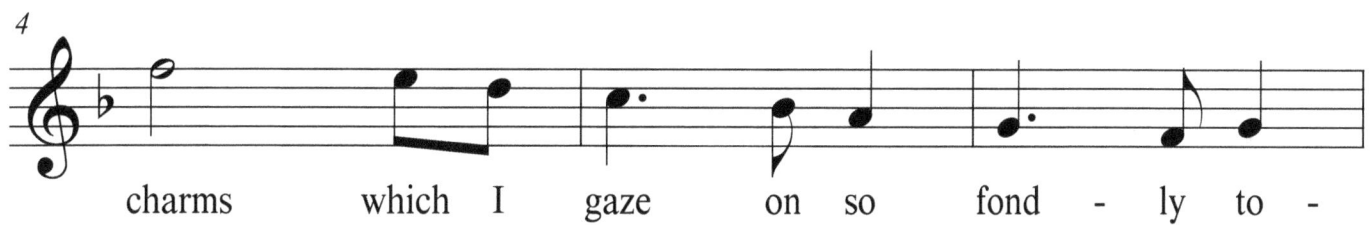
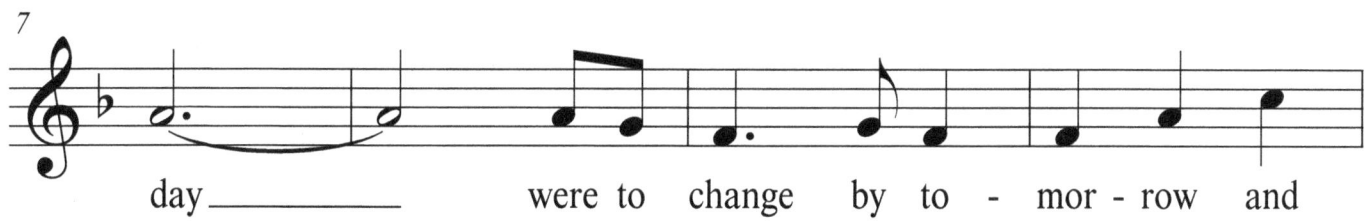
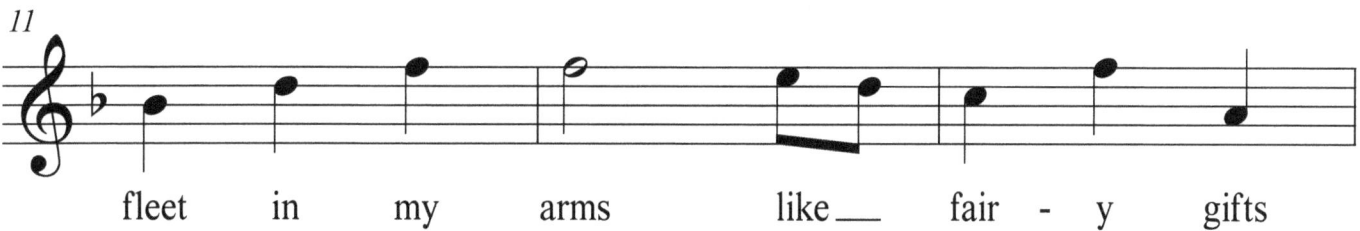
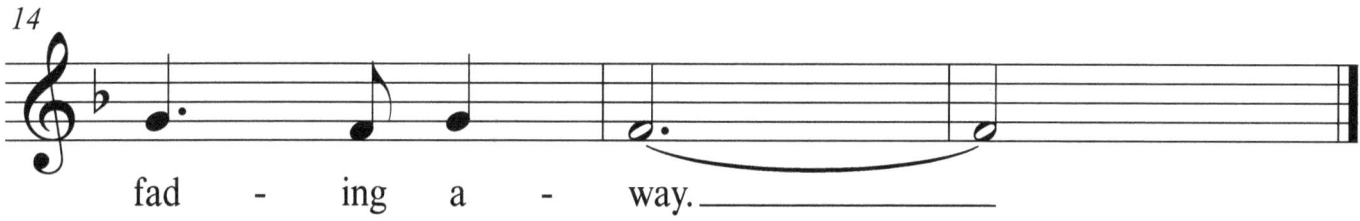

Beautiful Dreamer

Stephen C. Foster

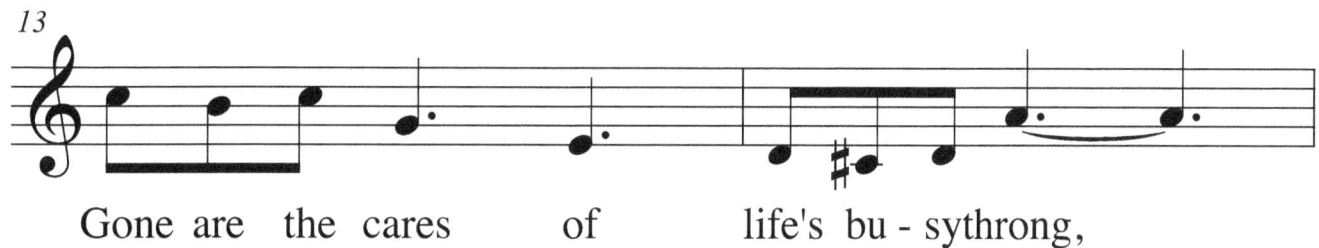

Gone are the cares of life's bu - sy throng,

Beau - ti - ful dream - er, a - wake un - to me!

Beau - ti - ful dream - er, a - wake un - to me!

Sweet Betsy from Pike

Amerikanisches Lied

Danny Boy

Irish Folk
Text von Fred E. Weatherly

Moderato

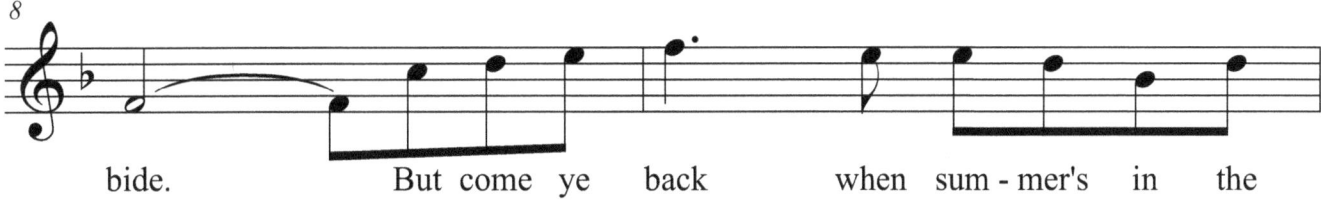
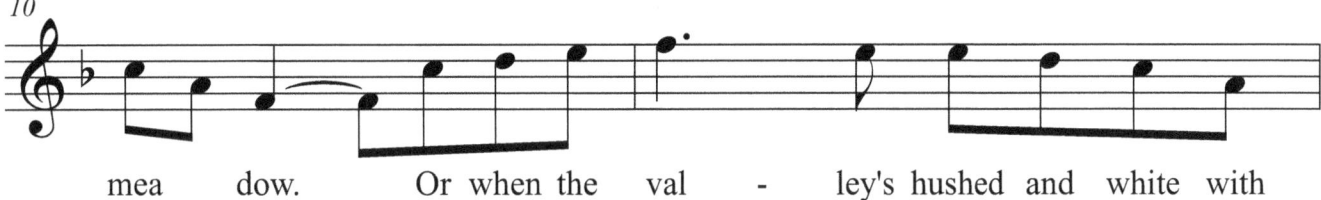

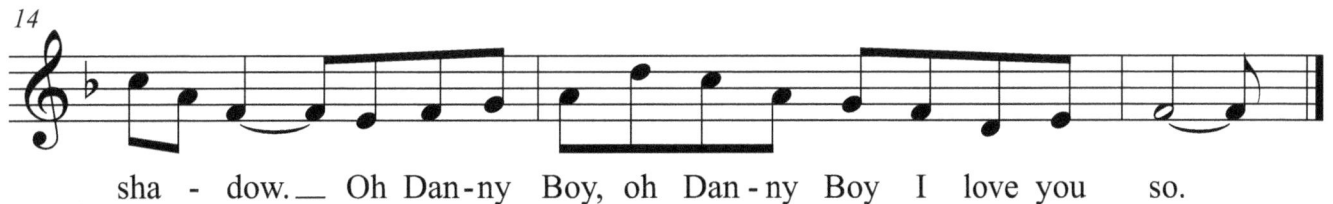

Lieder mit Begleitung

Down in the Valley

Amerikanisches Volkslied

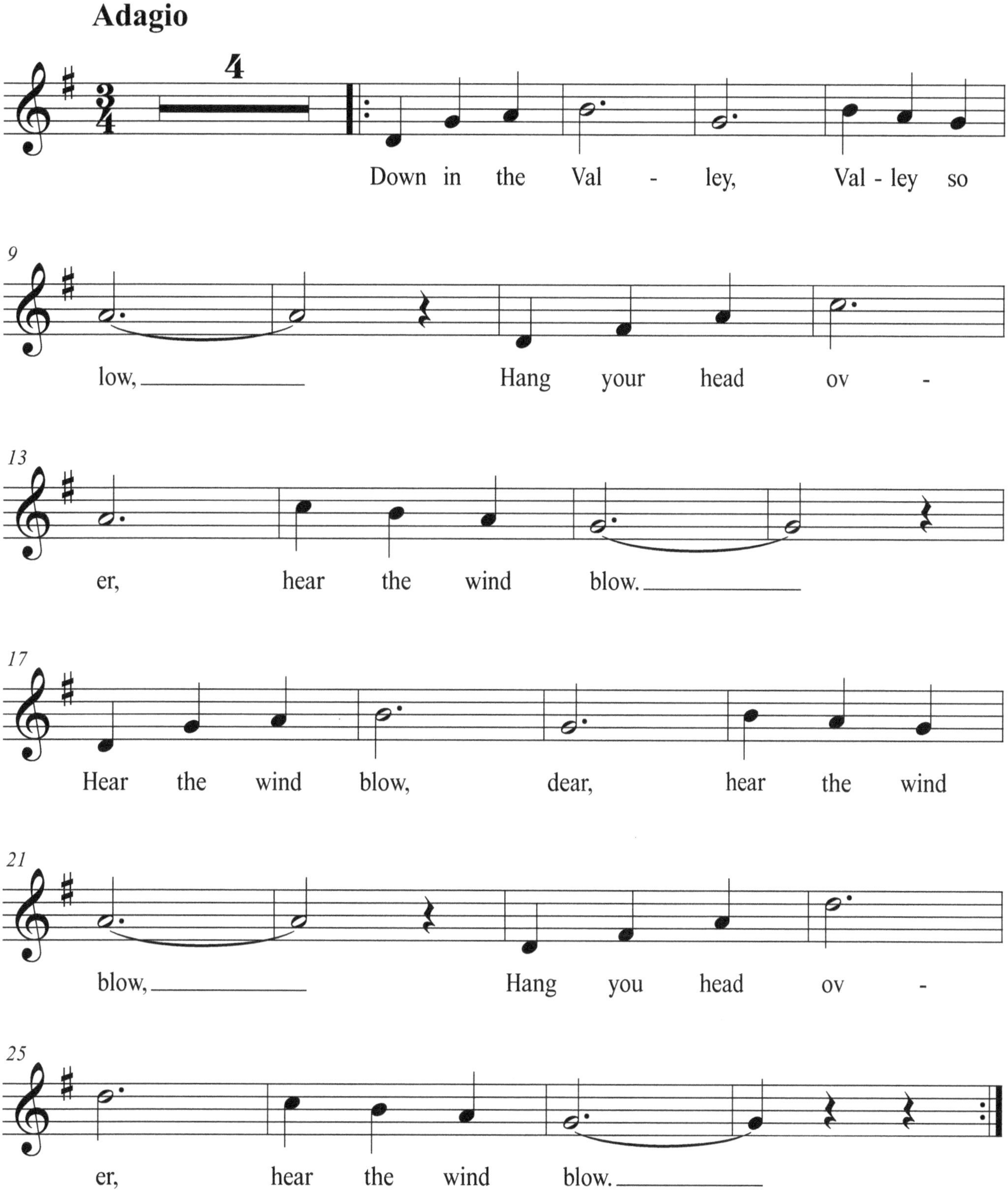

Adagio

Down in the Val - ley, Val - ley so low, Hang your head ov - er, hear the wind blow. Hear the wind blow, dear, hear the wind blow, Hang you head ov - er, hear the wind blow.

Hello! Ma Baby

Howard und Emerson

In the Good Old Summer Time

Musik: George Evans
Text: Ren Shields

Allegro

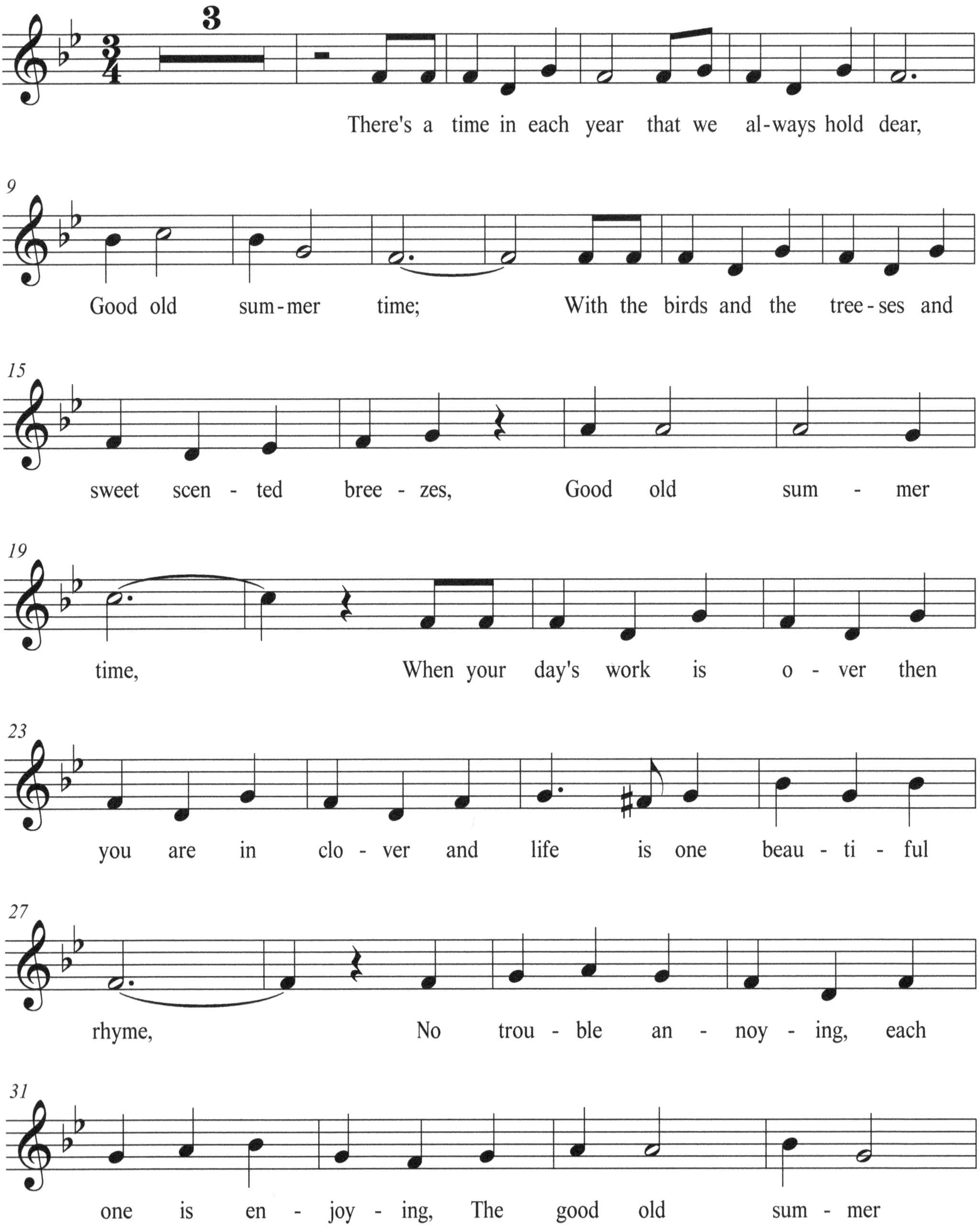

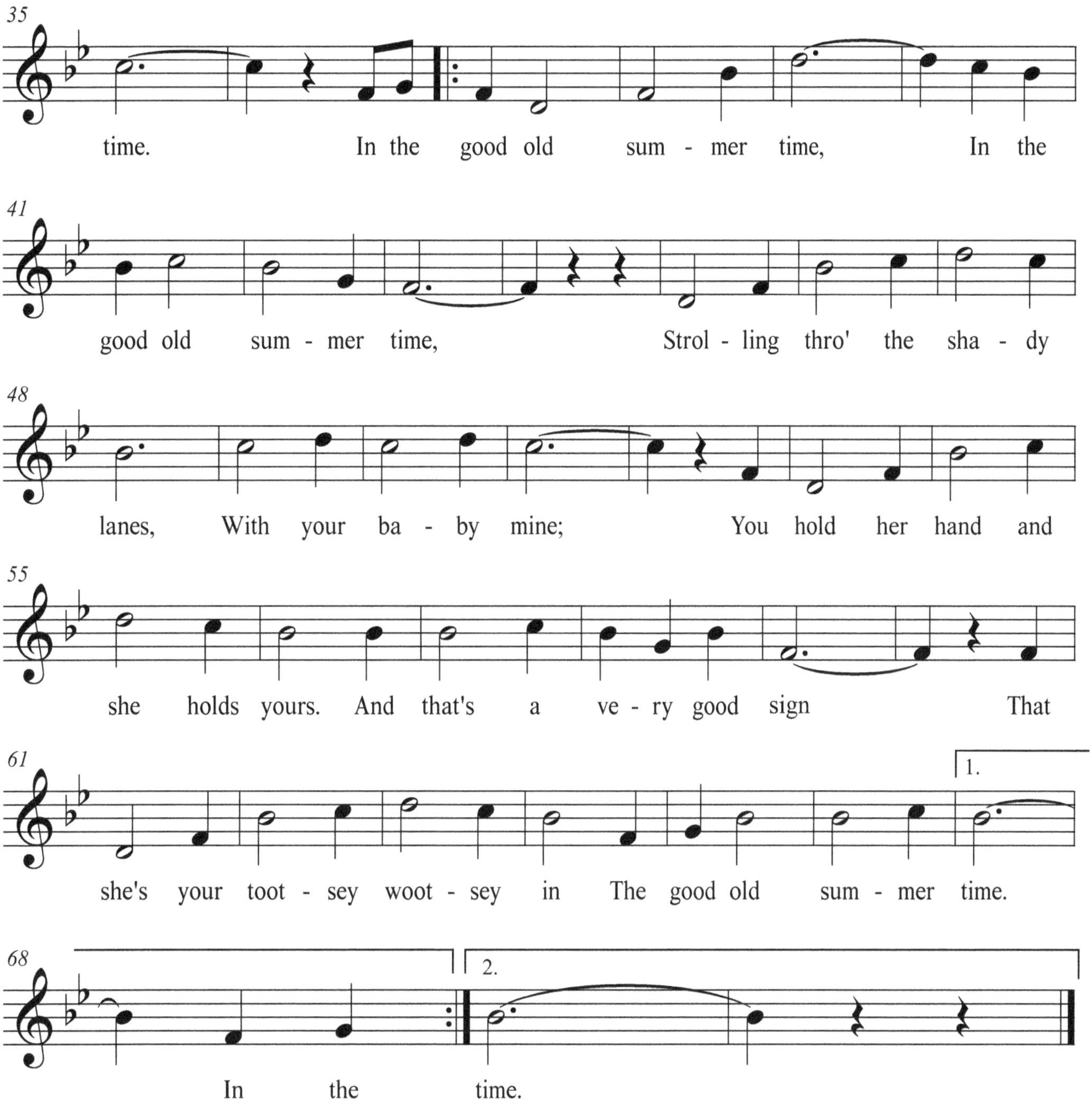
35
time. In the good old sum - mer time, In the
41
good old sum - mer time, Strol - ling thro' the sha - dy
48
lanes, With your ba - by mine; You hold her hand and
55
she holds yours. And that's a ve - ry good sign That
61
1.
she's your toot - sey woot - sey in The good old sum - mer time.
68
2.
In the time.

Let Him Go, Let Him Tarry

Irish Folk

35 hope he will en-joy. For I'm goin' to mar-ry A

39 far nic-er boy. Let him go, let him

43 go. Let him go, let him tar-ry, let him

47 stay, He can go, and get an-oth-er That I

51 hope he will en-joy, For I'm going to mar-ry A

55 far nic-er Boy **1.** Let him **2.** Boy.

105

Let My People Go

Spiritual

Moderato

When Is - rael was in E - gypt land, Let my peo-ple go,
need not al - ways weep and mourn,

Op - pressed so hard they could not stand,
And wear these slav - 'ry chains for - lorn,

Let my peo - ple go, Go down

Mo - ses Way down in E - gypt land,

Tell old Pha - raoh, Let my peo - ple go. We

106

The Man I Love

George Gershwin

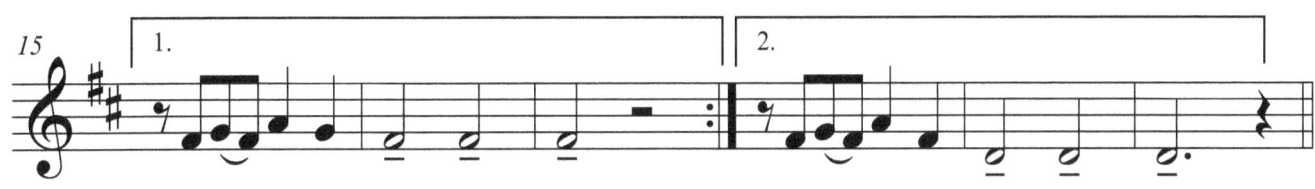

Tea for Two

Vincent Youmans

109

Wade in the Water

Gospel

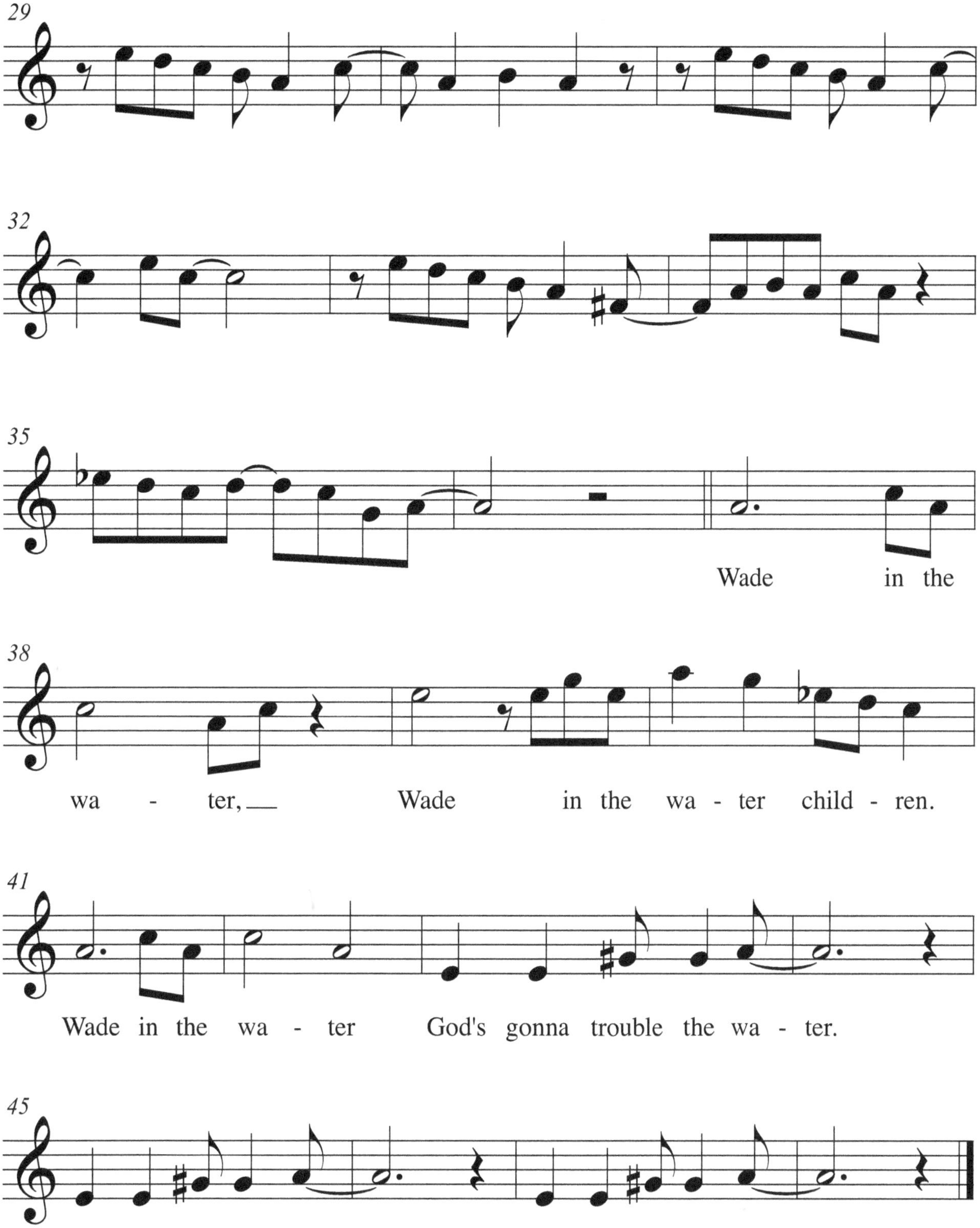

111

Ja-Da

Bob Carleton

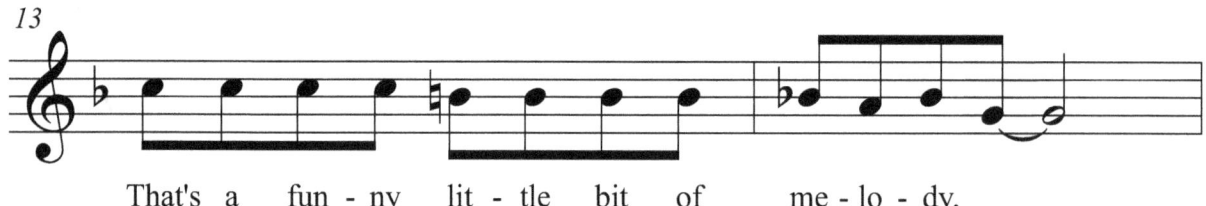

Bonus Tonleitern und diatonische Modi

In der traditionellen klassischen Musik wird die 7-tönige Tonfolge von C bis C auf weißen Tasten als Durtonleiter bezeichnet (der Charakter der Tonfolge ist heiter). Sie ist nach folgendem Muster aufgebaut:

Anfangston , Ganztonschritt + Ganztonschritt + Halbtonschritt + Ganztonschritt + Ganztonschritt + Ganztonschritt + Halbtonschritt: C D E F G A H (C)

C-Dur

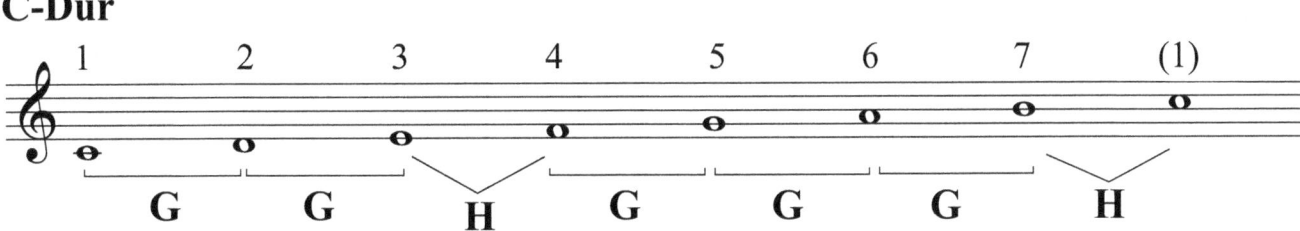

Die Moll-Tonleiter (der Charakter der Tonfolge ist traurig) wird nach folgendem Schema aufgebaut:

Anfangston, Ganztonschritt + Halbtonschritt + Ganztonschritt + Ganztonschritt + Halbtonschritt + Ganztonschritt + Ganztonschritt: A H C D E F G (A)

A Moll

Die Struktur der Durtonleiter ist zum Beispiel G, G, H, G, G, G, H. (G steht hier für Ganztonschritt und H für Halbtonschritt). Die Molltonleiter hat eine andere Struktur: G, H, G, G, H, G, G.

Auf der Grundlage dieses Musters kannst du aus jeder Tonart eine Tonleiter bauen. In C-Dur und A-Moll gibt es keine Bes oder Kreuze. Deshalb sind diese Tonarten auch am einfachsten zu spielen. Manchmal verwendet der Komponist aber auch andere Tonarten, in denen ein bis drei oder sogar vier Bes oder Kreuze in der Tonart zu finden sind.

Sie sollten die Reihenfolge der Kreuze in der Tonartnotation lernen: F♯, C♯, G♯, D♯, A♯, E♯, H♯.

Die Reihenfolge der Bes in der Tonartnotation ist die umgekehrte wie die der Kreuze: B, E♭, A♭, D♭, G♭, C♭, F♭.

Mit der Zeit merken sich die Spieler die Vorzeichen aller Tonarten. Zum Beispiel ist in D-Dur der Grundton D. Es gibt zwei Kreuze in der Tonart D-Dur: Fis und Cis. Mithilfe des oben beschriebenen Musters (Ganzton, Halbton), bei dem Sie von jedem Ton Schritt für Schritt gehen und den Ton erhöhen (Kreuz) oder erniedrigen (b), können Sie immer die Zahl der Kreuze oder Bs einer Tonart herausfinden.

Quintenzirkel

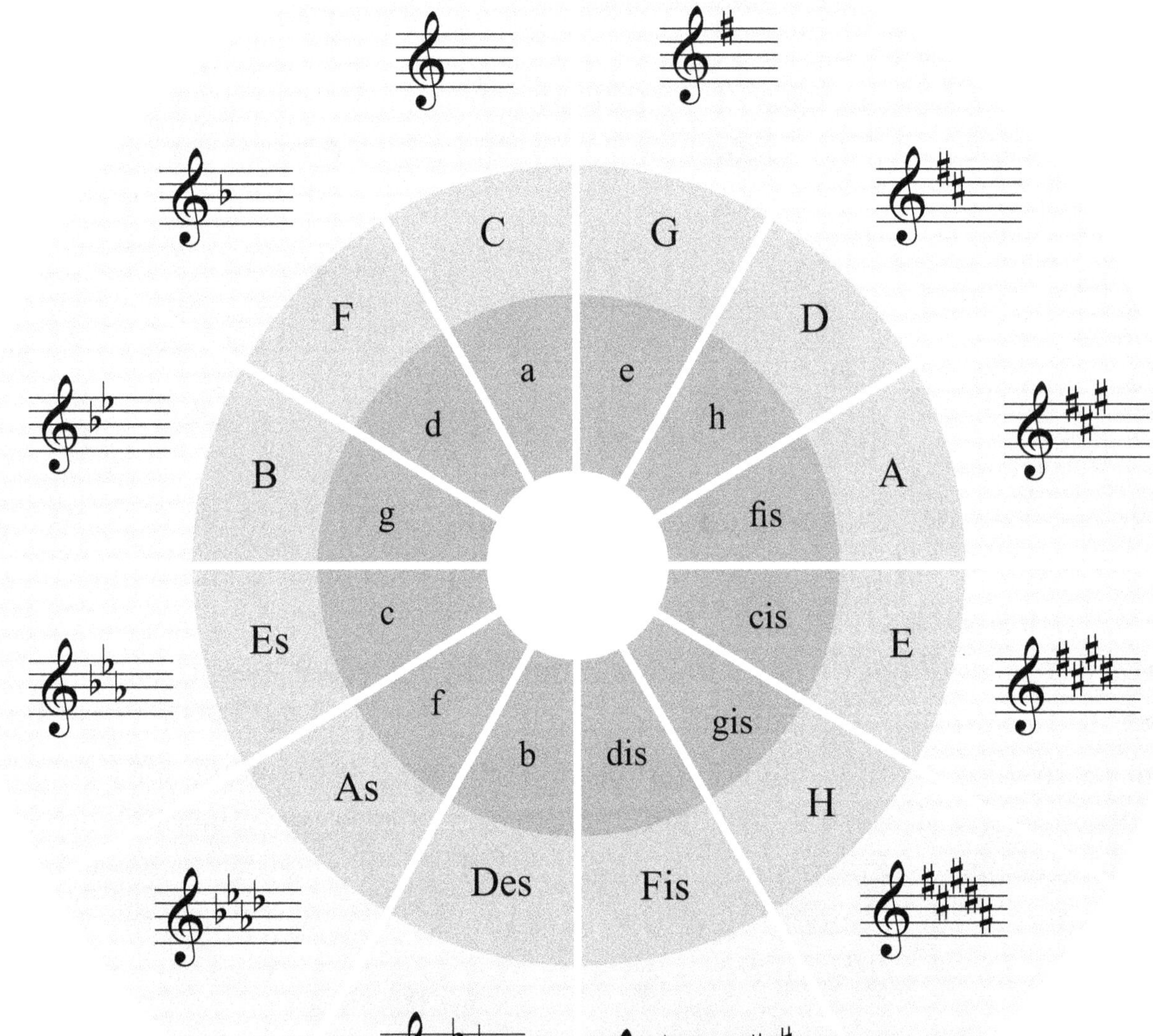

Dur- und Molltonleitern

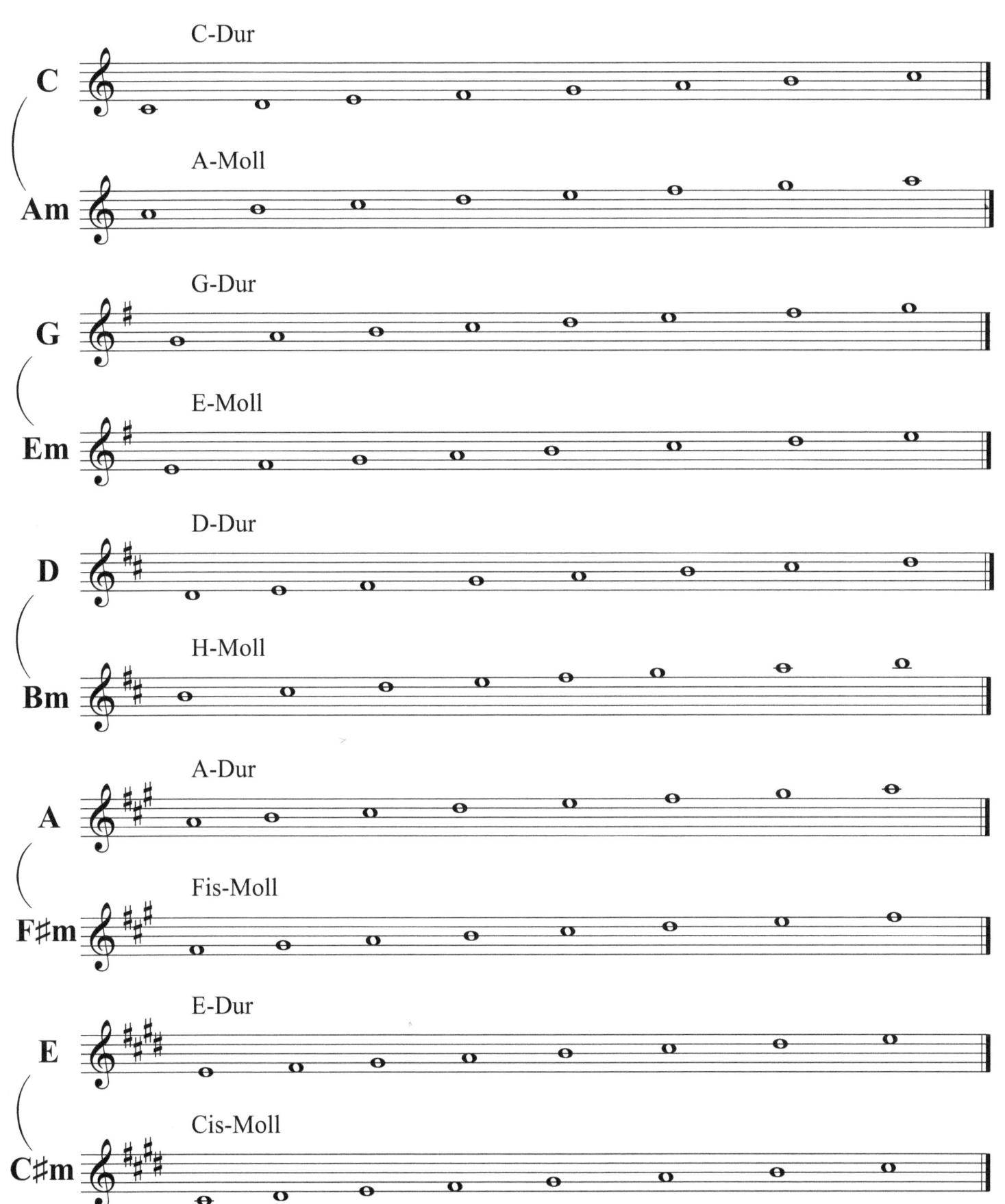

*Links an den Tonleitern befinden sich die internationalen Tonart-Symbole, daher steht an der Tonart H-Dur links ein "B", da der Ton H im Englischen B heißt.

ISBN: 978-1962612074
ASIN: 1962612074

Anton Davydov ist Musiker, Komponist und Mundharmonikalehrer. Dieses Buch basiert auf seiner ursprünglichen Lehrmethode. Eines der Hauptziele dieser Methode ist es, in kurzer Zeit das Improvisieren auf einem Musikinstrument zu lehren.

- Vollständige Grundlagentheorie mit einfachen Erklärungen und Beispielen.
- Ursprüngliche Improvisationstechnik für die Mundharmonika.
- Alle drei Grundpositionen auf der Mundharmonika spielen.
- Bequemer Großdruck im großen US-Letter-Format.

Deutschland

ISBN: 979-8392278572
ASIN: B0C2RPJ6C3

Und es ist toll für Erwachsene

Die Sopranblockflöte ist ein sehr beliebtes Musikinstrument bei Kindern im Alter von 8-14 Jahren und wird oft sogar in Schulen unterrichtet.

Sie ist das einfachste Blasinstrument für Anfänger. Du hörst ungewöhnliche und faszinierende Klänge, die du selbst erzeugst! Es kann zu einer großartigen Erfahrung werden: Man bedenke, dass man dieses Instrument in nur ein paar Unterrichtsstunden lernen kann!

Das Buch enthält auch grundlegende Musiktheorie, praktische Übungen und 60 Lieder. Avgusta hat zusätzlich Videos aufgenommen, die du dir online ansehen kannst, um das Blockflötenspiel leicht zu erlernen.

Deutschland

ISBN: 978-1-962612-12-8
ASIN: 1962612120

Eine vollständige Anleitung für Anfänger. Für Kinder ab 12 Jahren und Erwachsene.

Diese Schritt-für-Schritt-Anleitung ist für jeden geeignet, der sein Instrument beherrschen und seine Lieblingssongs mühelos spielen lernen möchte. Das Buch ist auch für diejenigen, die lernen wollen, zu swingen, den Blues zu spielen und um das Improvisieren zu erlernen.

Das Buch ist in erster Linie für Altsaxophon gedacht, eignet sich aber auch für Tenor- und Sopransaxophon.

Deutschland

ISBN: 978-1-962612-03-6
ASIN: 1962612031

Einfaches Gitarre lernen für Anfänger jeden Alters, Schritt für Schritt, mit Audio und Video.

Alles, was Sie brauchen, um sofort mit dem Gitarre lernen zu beginnen, plus detaillierte Fotos, Videos und jede Menge beliebter Songs. Das Buch richtet sich an alle, die Gitarre spielen lernen möchten.

Das beste Anfängerbuch zum Erlernen des Gitarrenspiels für Kinder, Jugendliche und Erwachsene jeden Alters!

Deutschland

www.ingramcontent.com/pod-product-compliance
Lightning Source LLC
Chambersburg PA
CBHW081347040426
42450CB00015B/3334